QUELQUES IDÉES

SUR LA SITUATION

DU COMMERCE EN FRANCE.

QUELQUES IDÉES

SUR

LA SITUATION

DU COMMERCE

EN FRANCE,

Ou Considérations politiques sur les Erreurs des Autorités suprêmes, qui ont amené la dissolution et l'anéantissement du Commerce et des Finances.

PAR J. T. BRUGUIÈRE.

A PARIS.

DE L'IMPRIMERIE DES SCIENCES ET ARTS.

Et se trouve à ladite Imprimerie, rue et butte des Moulins, N.° 500.

BRUMAIRE AN VIII.

Les idées que je mets au jour, m'avaient été suggé-
rées par mon indignation sur la nullité du Commerce
en France ; par le silence du Législateur sur cette
plaie désolante de l'État ; par les actes arbitraires
qui se succédaient et qui tuaient l'esprit public.

Ne sachant pas si ces réflexions pourraient produire
quelque bien dans des instans où les passions s'agi-
taient et emportaient la Législation tellement hors des
bornes, qu'elle avait enfanté la Loi sur l'Emprunt de
100 millions, je m'étais contenté de les tracer sur
le papier, et d'attendre des circonstances favorables
pour les mettre au jour. Ces circonstances sont ar-
rivées ; une masse imposante de Législateurs appelle
le bien à grands cris, et je m'empresse de livrer
mes idées à l'impression ; puissent-elles être utiles à
ma Patrie !

Paris, ce 12 Brumaire an VIII.

QUELQUES IDÉES

SUR

LA SITUATION

DU

COMMERCE EN FRANCE.

LA Victoire porte avec honneur le nom Français dans les plus belles contrées de l'Europe, et les Nations les plus éloignées s'entretiennent avec étonnement du triomphe de nos armes. Des Rois vaincus ont disparu avec leur puissance ; et à leur place des Gouvernemens libres ont été fondés sous les auspices et par la volonté de la Grande-Nation. Les talens magiques du nouvel Alexandre ont rempli l'Asie de notre gloire ; le Croissant s'est brisé devant le courage de l'invincible héros. D'anciennes réputations de guerriers fameux, des vieillards toujours sûrs de la victoire, tout s'est éclipsé devant la valeur française. Les barbares du Nord, la soldatesque de l'insolente Autriche, les tyrans perfides des mers, tout cède : une immense hécatombe les

A

engloutit par-tout où le Français veut les combattre ;
et l'énorme coalition s'est dissipée comme les vapeurs
d'une matinée orageuse. Ce pouvoir suprême que le
Français s'est créé pour veiller à sa sûreté et étendre
sa gloire, remplit au dehors sa mission sublime ; il
frappe les Rois et étonne les Peuples ; sa fermeté porte
au loin sa puissance, et le Cabinet le plus astucieux
et le plus hardi, redoute la franchise prudente et cou-
rageuse du Directoire de France.

Comment se fait-il que tant de succès au-dehors,
soient balancés par les calamités qui désolent l'intérieur ?
Sans aucun plan suivi, sans aucune base réfléchie,
les finances flottent au gré des passions, de l'ignorance et des intrigues. Ce nerf précieux de la prospérité
des États, le Commerce, est banni de chez un Peuple
industrieux et agricole. Un torrent d'agiotage et de
fraude inonde nos places ; et les bourses sont parvenues
à un tel degré d'avilissement, que ce même agiotage,
en dévorant la susbtance de nos comptoirs, est devenu nécessaire et essentiel au peu de valeur qu'offrent
nos négociations et nos effets publics. Sans doute au
milieu d'une crise aussi alarmante, le silence serait
un crime pour celui que le mal frappe le plus ; et qui
croit pouvoir indiquer quelques moyens d'amélioration.
Je vais dire franchement la cause du désordre, et offrir
quelques vues, pour parvenir, sinon à le faire cesser,
du moins à le diminuer.

Les paiemens du Gouvernement arriérés ou nuls ; la
marche obscure, embarrassée et machiavélique des
finances ; la rentrée des contributions paralysée ; les
contributions mal établies, mal réparties ; les mesures
exagérées, absurdes et oppressives ; les concussions ;
les motions d'ordre ; les maisons de prêt sur nantissemens ; les maisons de jeu ; enfin, l'esprit de fraude et
de rapine, qui dans nos comptoirs a succédé à l'honneur et à la bonne foi, voilà les causes réelles de

l'avilissement et de la nullité où se trouve le Commerce de France.

***

Les paiemens du Gouvernement arriérés ou nuls ; la marche obscure, embarrassée et machiavélique des finances.

Sous les Gouvernemens où l'arbitraire dispose de la liberté, et souvent de la vie des Citoyens, où le cri de l'homme de bien est étouffé par l'intrigue des dépositaires du pouvoir absolu, la vérité est rarement mise au jour. Le courage qui ose la présenter, est bientôt puni de sa générosité, et de sombres cachots engloutissent sans retour, l'énergie d'un écrivain dont les idées trop justes blessent l'intérêt ou l'amour-propre des hommes d'État. Sous l'empire constitutionnel d'un État républicain, loin d'intimider celui qui indique le mal ou qui veut le combattre, on lui en fait au contraire un devoir, et un accueil honorable encourage et soutient son entreprise. Le Directoire de France en donne quelquefois des exemples précieux ; et comme les rapports politiques sont mutuellement liés avec les intérêts commerciaux, j'aborderai avec confiance le développement des causes qui, dans le dépérissement du Commerce, appartiennent aux opérations du Gouvernement.

Le trésor public est la source de toute circulation : à lui seul appartiennent les embarras ou la réalisation des engagemens. Lorsque le traitant direct est rempli dé sa créance, il s'acquitte envers son sous-traitant, qui solde à son tour la fourniture du marchand, lequel s'empresse de satisfaire le cultivateur ou fabricant, de qui généralement et en principe dérivent tous les objets de consommation et d'utilité usuelle. Alors, tout est en harmonie ; les opérations se succèdent avec rapidité ; l'assurance de ne pas rencontrer d'entraves,

(4)

active les ressorts des combinaisons ; la facilité de
réaliser multiplie les calculs des traitans, et en dimi-
nuant le désir des gains immodérés, fixe le négociant
dans la marche dont il ne devrait jamais s'écarter :
celle de chercher ses bénéfices dans le renouvellement
des capitaux.

Que voyons-nous à la place de ce tableau satisfaisant ?
La trésorérie ne paie pas ou paie mal ; le créancier
de l'Etat épuise et son tems et ses moyens dans sa liqui-
dation ; les rouages de la comptabilité, entravés par
leur mauvaise organisation, l'effraient par les lenteurs,
le dégoûtent par les difficultés, l'éloignent par ces
apparences de régularité, qui ne sont souvent que le
fruit de la malveillance ou de la cupidité. De-là cette
nuée d'intrigans qui s'emparent du malheureux créancier, et qui par des exactions ruineuses, creusent un
abyme à sa fortune, et parviennent à réaliser sa perte
à l'instant même où ils le font payer.

Le Gouvernement doit ressembler à ce chef de maison, qui, chargé d'une famille nombreuse, s'applique
à proportionner sa dépense à sa recette. Son crédit
est établi chez les fournisseurs de sa maison, parce
qu'ils savent que le paiement est assuré, et qu'il leur
suffira de se présenter pour être soldés. De-là l'économie dans la modération des prix ; de là aussi cette
confiance sans bornes qui offre plus de moyens que
la fortune réelle.

En vouant à l'exécration publique cette horde de
vampires, qui par des négociations simulées, par des
marchés frauduleux, tarissent les ressources du trésor
public, et se plaignent impudemment du retard qu'ils
éprouvent dans la rentrée des fonds qu'ils n'ont jamais
déboursés, ne dois-je pas en même tems faire mention
de cette foule de créanciers légitimes, qui, après avoir
mis leur fortune à découvert, pour remplir, à l'égard

de l'Etat, des marchés authentiques et loyalement stipulés, ne peuvent obtenir même l'encaissement de leurs avances? Pressés par leurs sous-traitans, épuisés dans leurs ressources, rejetés dans leurs justes prétentions, ils se voient à la merci des gens de justice, qui dévorent leurs derniers moyens, et les réduisent à la cruelle nécessité de manquer à leurs engagemens, ou d'être assaillis par tous les besoins. Combien de citoyens, qui leur étant identifiés par l'enchaînement des opérations commerciales, soupirent après l'instant où le trésor public sera ouvert pour eux? Assurément je ne prétend pas appeler l'intérêt sur la classe entière des fournisseurs généraux, et encore moins des sous-traitans. Le faste insensé de certains des premiers, les rapines des derniers, doivent éloigner d'eux toute indulgence; et à quelques individus près, chez qui les fraudes de ceux qui les entourent créent à chaque instant de nouveaux motifs de gémir, le reste mériterait toute la sévérité des lois, plutôt que la protection du Gouvernement. Mais il reste vrai que les fournisseurs sont comme les chefs de l'immense rouage de la consommation; que chaque paiement qui leur est fait, est comme un aliment nouveau donné à la circulation, et que le trésor public pourrait se promettre une économie de vingt pour cent au moins dans tous les marchés, si les paiemens se faisaient avec exactitude.

A cette classe de créanciers, joignons la classe intéressante des fonctionnaires publics et des rentiers; plus ils sont multipliés, plus la circulation commerciale est ravivée par la rentrée de leurs créances. Le retard qui fatigue depuis long-tems le fonctionnaire, paralyse les moyens des marchands qui fournissent à ses besoins. La détresse ouvre à l'intrigue le sanctuaire de la justice. Le premier pas vers l'immoralité, conduit aux exations les plus criminelles, et la délicatesse est éteinte par la nécessité même d'exister.

A 3

Le rentier de l'Etat, rongé par la misère, suspend toute consommation ; la vente des marchandises en détail est ralentie, et la gêne se communique d'une manière effrayante. Les *bons* n'ont d'autre valeur que celle que l'agiotage veut bien leur donner, et le trésor public, ainsi que la circulation, sont privés des secours que ce signe numérique pourrait répandre dans toutes les parties, si par son acquittement exact, il pouvait acquérir une valeur fixe et réelle.....

Que fait et que veut le trésor public, avec le système de ne pas payer ou de payer mal ? Il fait naître et propage le mépris et la méfiance pour toutes ses opérations ; il semble vouloir miner les bases du Gouvernement actuel, et le faire crouler par les finances. Quel est le capitaliste, le négociant assez ennemi de lui-même, assez fatigué de sa fortune, pour oser traiter avec le Gouvernement ? Ne sait-il pas que lorsqu'il se sera épuisé pour remplir les engagemens qu'il aura contractés, il sera abandonné ; et qu'après s'être desséché de dépit dans les bureaux des Ministres pour être ordonnancé, le trésor public sera fermé pour lui ? Ne sait-il pas que si l'on veut bien lui donner des valeurs, il éprouvera des pertes énormes en les réalisant ? Ne sait-il pas que s'il veut les verser au trésor même, en paiement de ce qu'il pourrait devoir, soit pour son compte, soit pour compte d'ami, on les refusera, parce que, contre tous les principes de commerce et de comptabilité, la trésorerie ne reçoit pas en paiement de tout ce qu'on lui doit, les mêmes valeurs qu'elle donne pour tout ce qu'elle doit? Ne sait-il pas que ces mêmes valeurs pourront être paralysées dans ses mains, lorsqu'il les aura reçues ; et qu'un acte d'autorité, ou en retardera la réalisation, ou bien les annullera sans pudeur ? Mais s'il est instruit de tous ces faits, comment osera-t-il traiter avec le Gouvernement ?

Mais pourquoi ce machiavélisme, cette déloyauté qui tue toute confiance ? Je sais que les embarras d'une maison la forcent quelquefois de recourir à des mo pénibles, qui, par des négociations, des échanges, des compensations, la sauvent de sa gêne momentanée, et la remettent au niveau ; mais elle honore ses opérations par la bonne foi, la pureté de ses intentions, et c'est ce que ne fait pas le trésor public.

Il serait difficile de porter l'ordre et l'économie dans le système actuel de nos finances ; ses mouvemens n'ont ni règle ni but précis, et il s'embarrasse tellement dans sa marche, qu'il ne sort ordinairement du précipice qu'il se creuse, que par des actes révoltans d'immoralité et d'injustice. Il ruine ses traitans sans pitié, par des arriérés, des retards, des coups d'autorité ; et la plupart de ses opérations sont autant de banqueroutes réelles.

Quoi ! cette Nation généreuse, qui remplit le monde de la gloire de ses armes, ne parviendra-t-elle pas à le pénétrer de respect pour sa loyauté, son exactitude dans ses actes financiers ? A quoi nous sert donc d'avoir fait trembler les Rois, si nous ne parvenons à nous faire estimer des Peuples ? A quoi nous serviront nos victoires, si nous devons nous traîner dans le discrédit et l'embarras ? Le sort des armes est incertain ! et nous, qui par nos triomphes, sommes considérés comme la Grande-Nation, nous n'eussions été regardés que comme un ramassis de brigands, si nous eussions été vaincus, parce que nous n'admettons ni bonne foi, ni moralité, ni justice dans nos opérations financières, et que nous nous jouons de la confiance des étrangers comme de celle des naturels. La plus belle armée d'un Etat est dans ses trésors ; celle-là est invincible : et ces trésors sont dans la justice, dans la moralité, dans la religieuse observation des traités. Législateurs, c'est à vous qu'il

A 4

(8)

appartient de diriger ces trésors et de les rendre abondans. L'Europe vous contemple, elle attend de vos
efforts la restauration du crédit public et particulier ;
le Commerce vous le demande à genoux : son existence
est dans vos mains. Que nos succès élèvent nos ames ;
devenons délicats, sévères en probité ; brisons nos
systêmes actuels ; réédifions nos ressources, notre
crédit, sur l'*ordre* et la *bonne foi* ; ne soyons plus
brigands.

Pour parvenir à ces heureux résultats, le Gouvernement doit ordonner un auto-da-fé de toutes les valeurs
et papiers qui existent au trésor public. La comptabilité doit s'ouvrir sur des écus. Il ne faut recevoir
que des écus, et ne donner que des écus ; et à l'exception des valeurs de circulation, à l'instar du Commerce, dont le trésor public pourra se servir avec
succès, en adoptant le mode de Lettres de change,
pour réaliser les versemens des payeurs, tous les autres
papiers doivent être brûlés, annullés et remboursés
aux porteurs, en leur donnant une destination équitable.

L'Etat a des revenus connus et fixes ; proportionnons
la dépense à ses revenus. Les revenus indirects viendront au secours des dépenses extraordinaires et imprévues dans l'état de guerre, et *ils seront accrus
d'après les besoins*. Quand la recette et la dépense
seront connues, il sera aisé de les balancer. Le crédit
rétablira le niveau, lorsque des embarras inévitables
ralentiront les rentrées, et jamais le trésor public ne
sera en souffrance. Que d'avantages les particuliers ne
retireront-ils pas de cet ordre devenu invariable !....

Je ne m'appesantirai pas davantage sur cette cause
principale de la stagnation du Commerce : elle frappe
tous les esprits. Que le trésor public paie bien, et
le Commerce est sauvé. Sa fidélité dans les engagemens ramènera la confiance et l'économie, et alors le

Gouvernement jouira du fruit de ses efforts pour la prospérité de la République.

La rentrée des contributions paralysée.

Mais pour que le trésor public s'acquitte , il faut qu'il soit alimenté par la fidélité des contribuables ; et alors s'établissent ces rapports essentiels entre la recette et la dépense. La rentrée des contributions est par-tout arriérée ; le mobilier des ans V et VI n'est pas encore perçu. Cette branche abondante des revenus de l'Etat se trouve tarie par l'inexactitude , et porte l'embarras et la pénurie dans les caisses publiques ; la balance est détruite et la dépense n'est plus couverte. Il en est de la caisse de l'Etat comme du fleuve alimenté par les ruisseaux qui vont perdre leur onde dans son sein : le fleuve se dessèche par le tarissement des ruisseaux ; il est grossi par l'abondance de leurs eaux , et alors il va baigner avec succès les contrées qu'il parcourt.

Cette partie, il est vrai, est mal combinée dans la répartition , et mal conduite dans sa perception. Le succès le plus précieux de l'impôt se trouve dans l'attention que le souverain doit accorder à la position de l'administré. La base adoptée par notre législation, pour l'impôt direct , est singulièrement embarrassée et mal assise ; et le mode de perception est une des causes principales qui paralysent les rentrées. Tel impôt paraît onéreux , qui serait acquitté fidellement si sa perception était mieux dirigée. Le Législateur avait reconnu la nécessité de couper les cotes en plusieurs paiemens , et les contributions de l'an VII devaient être acquittées par douzième. Pourquoi ne pas suivre la même marche pour l'arriéré ? Cet arriéré n'existe que par la faute des autorités ; et assurément l'on n'a pas pu exiger que le contribuable entassât ses cotes écu par écu, et qu'il réservât, depuis plus de deux ans, la somme du montant de sa contribution qu'il ne connaissait pas, et que par un travail absurde, fondé sur des bases vicieuses, on avait élevé si haut pour les ans V et VI, que le numéraire en circulation n'eût pas suffi pour acquitter le département de la Seine. Loin ensuite d'en ménager la perception, on exige sur-le-champ, et dans les trois jours, le montant total de la cote énorme de deux ans ; sinon, garnisaires ruineux, vente des meubles. C'est ainsi que les hommes, chargés des répartitions, répandent le mécontentement dans les esprits ; et loin d'accélérer les rentrées, les paralysent en les rendant impossibles. On a vu des contraintes envoyées chez le percepteur de l'impôt sur les fenêtres, et il était physiquement impossible qu'il eût achevé l'envoi des avertissemens.

Rien cependant n'est plus délicat, et ne mérite plus de ménagemens que l'impôt, soit dans sa *création*, soit dans sa *répartition*, soit dans sa *perception*. Le Législateur doit d'abord calculer sa création non-seulement sur les besoins réels, ou *présentés comme réels par des apparences* sensibles, mais sur-tout sur les passions des hommes. C'est-là que doivent être invoquées avec éclat, la justice et la nécessité. Toutes les fois que dans les institutions on attaque l'intérêt, les passions se réveillent, s'agitent. Les discours, chaque mot du Législateur, sont pesés, commentés avidement ; une seule imprudence provoque la défaveur sur l'impôt discuté ; son adoption est aussitôt l'objet des murmures. Le Législateur ne s'attache pas assez à calculer l'effet de son travail. Tout impôt étant toujours considéré comme une calamité publique, celui qui le propose ou le discute, doit s'étudier à en tempérer la rigueur. Il doit le dégager de toute idée fatigante, le présenter sous des dehors faciles à saisir. La masse, les diverses classes des contribuables, doivent être sous ses yeux , et la modération doit être si évidente pour lui , qu'il doit déjà entendre dire . . . . . : *Voilà encore un impôt ! ! ! . . . mais il n'est pas au-dessus des facultés, et si sa répartition est soignée on s'en apercevra faiblement . . . . .* alors la Patrie est sauvée, l'impôt est oublié ; il est acquitté sans efforts.

Au lieu de ces résultats flatteurs , les murmures ont souvent répandus les dangers parmi nous. On a heurté sans pudeur les passions et les intérêts. C'est le pasteur insensé qui multiplie ses custodes trop avides , met le désordre dans sa bergerie et le troupeau en fuite. Aussi l'idée de l'impôt, qui, suivie du salut public , doit paraître, sinon agréable , du moins entourée de la raison qui entraîne et décide les cœurs ; cette idée, dis-je , a porté la terreur et la désolation dans les familles. Le choix des moyens est redouté ; il a été si souvent arbitraire et éloigné de toute justice, que le souvenir révolte l'intérêt, resserre, engloutit les fortunes. L'égoïsme , la tiédeur , l'opinion , l'avarice , viennent soutenir ces effets affligeans , et toutes les classes de la société sont mécontentes.

On n'a pu encore parvenir à asseoir les contributions mobiliaires sur des bases équitables. Une multitude en délire n'eût pas imaginée ni consentie la loi du   Cent batailles perdues n'eussent pas fait autant de ravages que la base absurde et incivique adoptée par cette loi désastreuse ; et si l'on en excepte la loi sur l'emprunt de cent millions, dont j'aurai occasion de parler , et dont la féroce conception doit être considérée comme la massue dévorante qui a assassiné le crédit public et tué les dernières ressources, la loi du   est l'œuvre le plus désolant qu'aient produit nos modernes financiers. Ce n'est qu'à la grandeur du mal , à l'impossibilité de son exécution , que nous avons dû son rapport ; mais le mal n'en a pas moins existé. J'avoue que cet impôt est difficile dans sa base , je dirai presque qu'il est impossible d'y ménager tous les intérêts ; mais en descendant dans l'examen des classes et des facultés, on peut éviter bien des écueils et tempérer ses effets. La base des professions eût dû régler les cotes du Commerce par la patente *fixe*. La cote des citoyens sans profession eût pu être calculée sur le somptuaire, réparti avec justice , d'après les dehors du luxe. Les chevaux , les équipages et les domestiques, formant la base du somptuaire, ce somptuaire multiplié eût formé le mobilier. La fortune cachée des hommes éloignés de tout faste, de toute dépense apparente, eût été la seule difficile à atteindre ; elle le sera toujours. Pour cette classe il n'y a que le cri public et les habitudes connues qui doivent guider la fixation des cotes sur un revenu présumé ; et afin d'éviter l'arbitraire, on pourrait se régler d'après les loyers , *pour cette classe seulement.*

Je ne m'attacherai pas à parcourir la série des impôts indirects que l'on ne saurait trop multiplier pour atteindre les fortunes inconnues. Outre que toute contribution indirecte est bonne en soi, nos Législateurs en ont adopté d'infiniment précieuses par leur justice et leur perception raisonnée ; tel est le droit de passe pour l'entretien des routes. Le seul objet qui inquiète, est la destination des produits. La confusion des recettes amène la dissipation des fonds, et il serait à désirer que chaque impôt indirect, dont le produit a une destination fixe et particulière , fût versé dans une caisse privée, dont l'excédant, s'il y en avait, ne serait versé à la trésorerie que tous les trois mois , et lorsque les dépenses relatives au but de l'impôt seraient remplies. On voit avec indignation le produit de l'octroi de bienfaisance écarté, diverti de son but, et l'on est révolté au récit des citoyens qui se plaignent de n'être pas payés du pain qu'ils fournissent aux hôpitaux. Comment oser ensuite blâmer les prix immodérés, les fournitures frauduleuses, avariées ou nulles, qui, dans cette partie comme dans toutes les autres, tuent, assassinent la République?

La répartition des impôts ne doit pas moins provoquer l'attention du Législateur que leur création. Lorsqu'elle est égale et juste, elle éteint les murmures, et force au silence jusqu'à ces esprits remuans et inquiets pour qui toute innovation dans l'impôt est un sujet de satire et de mécontentement. Cet objet doit être poussé jusqu'au scrupule; il annonce la sagesse ou l'arbitraire de l'impôt. Jusqu'à ce jour, le Législateur l'a souvent méconnu, et l'absurdité a formé la base des répartitions dans différens impôts. C'est néanmoins cette équité distributive, qui console le contribuable, et adoucit l'amertume et l'odieux de l'impôt. Quelques exemples rendront ces assertions plus sensibles.

Dans l'impôt sur les patentes, on a distingué les classes, et on a fixé les taxes suivant l'importance des professions. Cependant la taxe fixe n'est pas proportionnée à la profession, et les différences ne sont pas assez marquées. Assurément les taxes des banquiers, des armateurs, ne sont pas assez élevées; les taxes des marchands en gros ne sont pas différenciées, et c'est injuste : la différence existant essentiellement dans les produits et les bénéfices, elle doit aussi exister dans les cotes. La taxe proportionnelle, basée sur les loyers, offre encore une injustice plus marquante. D'abord, on eût dû faire la distinction de l'habitation des appartemens d'avec les magasins; pour toutes les professions qui ont besoin d'ateliers. La contribution mobiliaire doit peser sur l'appartement, abstraction faite des magasins; et la patente doit peser sur les magasins, abstraction faite de l'appartement. Pourquoi, en effet, ai-je des magasins? Parce que je suis marchand. Donc si comme marchand je paie une taxe proportionnée au loyer de mes magasins, il est injuste de faire entrer le loyer de ces magasins en considération dans la taxe du mobilier ; de même, l'appartement soumis à l'impôt mobilier ne doit pas être compris dans le loyer des magasins pour fixer la proportion de la patente.

Ce raisonnement simple frappe tous les esprits, et on s'irrite avec raison contre la répartition qui veut confondre ces deux objets bien distincts. Cette taxe proportionnelle n'est pas non plus calculée d'après les professions, et cet oubli du Législateur est encore une injustice. Tel marchand exerce un état dont les bénéfices sont majeurs, dont le fonds de commerce est important, et qui n'a pas besoin d'un fort loyer de magasin pour contenir ses marchandises ; tels sont les bijoutiers, les orfèvres, etc., tandis que les tonneliers, les charrons, les marchans de vins et autres professions bien moins lucratives, et bien plus pénibles que les bijoutiers, ont besoin de grands ateliers, d'un vaste local pour l'exploitation de leurs marchandises, et paient par conséquent de forts loyers qui augmentent leur patente proportionnelle. N'est-ce pas là une injustice frappante, et doit-on la laisser subsister plus long-tems ? Ne serait-ce pas tuer l'industrie et paralyser le Commerce, que de maintenir une disproportion aussi révoltante dans les taxes ? Presque tous les impôts offrent dans leur répartition des inégalités semblables ; et le Législateur qui les ferait disparaître, rendrait à la chose publique un service essentiel, et porterait la satisfaction parmi les contribuables.

Il n'est rien sur-tout de plus important, que de s'attacher à régulariser la répartition de l'impôt mobilier ; c'est celui qui, jusqu'à ce jour, a répandu l'affliction et le refroidissement parmi les citoyens. On voit des artistes, de petits marchands, des artisans, écrasés par leur taxe mobiliaire ; et la foule des réclamans encombre les corridors des répartiteurs. Pour parvenir à une modération équitable, on se voit forcé de joindre au regret de réclamer contre une taxe ridicule, la perte de tems, l'aveu de sa position ; et il est indécent de voir les répartiteurs souffrir l'humiliation d'un marchand, d'un artisan respectable, qui, pour obtenir la réparation d'une injustice, se voit obligé de dévoiler le secret de sa maison, et souvent de son infortune. De là son discrédit, sa perte, et toutes les suites funestes qui accompagnent la connaissance que le public peut avoir de la situation des affaires de famille ou de Commerce.

Ces exemples sont sur-tout frappans à Paris. La commission des contributions est inondée de réclamations, et le trésor public souffre particulièrement de l'erreur, de l'arbitraire qui guide les taxes, parce que celui qui acquitterait sans délai une cote proportionnée à ses facultés, s'effraie de celle qui surpasse ses moyens, ne paie pas, réclame et élude ainsi l'acquittement de sa contribution. C'est insulter à l'honneur d'une maison que de lui demander ce qu'elle n'a pas ; c'est annoncer l'intention formelle de répandre le mécontentement et la haine du bien public.

Je le répète, cette masse d'injustices n'appartient qu'à la fureur de prendre les loyers pour base. Tel marchand, artisan, dans les rues commerçantes et populeuses, a un loyer excessif, et souvent ses bénéfices ne se portent pas au double de ce loyer. Adopter cette base, c'est tuer, étouffer l'industrie ; c'est forcer le talent à s'enfouir, à aller peupler les greniers, pour travailler sans apparât ; c'est faire déserter les magasins, et accabler par le contre-coup, le propriétaire qui n'est plus en balance pour l'impôt foncier, dès que pour attirer des locataires, il est forcé de diminuer ses loyers.

Attaquez par leurs loyers l'appartement, le palais de ces êtres immoraux, qui, sans professions, sans fortune connue, annoncent une fortune d'intrigue par l'éclat dont ils cherchent à éblouir les dupes ; vous servirez alors la société et le trésor public.

Mais respectez le loyer de l'artisan charron, serrurier, carrossier, tonnelier et autres états qui exigent de gros loyers pour contenir des marchandises de peu de valeur ; l'impôt mobilier ne saurait atteindre ces professions que faiblement, et les taxer d'après les loyers, c'est prendre une base absurde et injuste.

Respectez de même l'horloger, le tapissier, le quincaillier et tout autre état d'éclat déjà atteint par la patente fixe ; ce serait comme les enfans, s'attacher à des images, que de fixer les cotes sur la supposition que tel magasin brillant et superbe annonce une fortune et des recettes abondantes, tandis que dans la réalité, rien n'est plus pauvre et plus indigent, soit parce que la plupart de ces marchandises appartiennent à des ouvriers qui les y déposent, ou bien que leur vente difficile en rend les bénéfices extrêmement bornés.

Encore une fois, la base des loyers est inique, absurde, pour tout individu qui a une profession, un revenu connu, un luxe apparent et déclaré pour le somptuaire ; et toute taxe qui aura une semblable règle, ne pourra que répandre le mécontentement et la haine des agens du pouvoir.

Y a-t-il rien de plus intéressant, de plus nécessaire que d'établir pour cet impôt une base invariable qui puisse proportionner autant que possible les taxes aux fortunes, mais sur-tout qui bannisse sans retard l'arbitraire révoltant qui jusqu'à ce jour a rédigé les rôles !

Après avoir créé des impôts légitimes, et appliqués à des objets susceptibles de taxe ; après les avoir répartis avec discernement, avec une justice, une égalité, une proportion scrupuleuse, le Législateur doit établir le mode de perception, et ne pas abandonner

à

à des mains avides ou ineptes la liberté de tourmenter
les contribuables par des exactions dangereuses et inu-
tiles. La France est dans ce moment couverte de garnisaires ; la moitié des contribuables a éprouvé des
saisies-exécutions sur ses meubles ; et ce n'est que par
des démarches, des peines, des pertes de tems, que
l'on parvient à empêcher la vente de ses chemises.
Rien ne peut améliorer ou détruire le système financier avec plus d'avantage, que la perception des revenus publics ; et c'est en cela que le fisc est mal
combiné, et péche essentiellement...

Demander à un père de famille une cote sans proportion avec ses facultés ; lui enjoindre de l'acquitter dans
les trois jours ; assaillir son domicile par des garnisaires
ruineux ; lui faire vendre ses meubles, et détruire par
là sa maison, en réduisant sa famille au désespoir, voilà
ce qui se pratique en ce moment, et c'est le mode de
perception qu'il faut accuser de tant de maux. Un débiteur implore l'indulgence de ses créanciers, il obtient des délais, il sauve l'honneur de sa maison, ses
moyens d'existence ; mais nul délai, nulle pitié n'est
accordée au contribuable : il faut qu'il paie contributions, garnisaires, frais d'huissiers, sinon vente de
meubles..... L'indignation s'empare de tout cœur sensible et attaché à son pays, à l'idée seule de pareilles
vexations.

Et tandis que les citoyens souffrent ainsi, le Trésor
public souffre encore plus, parce que les rentrées sont
paralysées. L'embarras des percepteurs particuliers,
cause l'embarras des receveurs-généraux ; et les finances
ne marchent pas, et les besoins ne sont pas couverts,
et un arriéré immense porte la pénurie dans toutes les
parties du service. Rien n'est assuré, les promesses sont
éludées par l'impossibilité même, tout est entravé. Le
Législateur peut-il consacrer ses efforts à un objet plus
important qu'à régulariser le rouage des rentrées des

B

revenus publics? Pourquoi les retards qu'il y apporte?
Pourquoi laisse-t-on ensevelir des motions, des rapports
déjà faits sur cette matière? Peut-être la sagesse veut-
elle que les projets soient mûris; j'y consens. En atten-
dant qu'il soit pris quelques décisions, je vais hasarder
mes idées sur ce sujet important. Elles se rapprochent,
dans quelques parties, des vues saines et avantageuses
du Représentant *Thibaut*.

L'avoir de l'Etat, en contributions directes, repose en
ce moment sur deux principales branches, l'arriéré et
le revenu courant. On pourra édifier un système financier relatif aux rentrées, en remontant à la perception,
et en suivant les produits jusqu'à la trésorerie; on faci-
cilitera la perception en facilitant les contribuables.

Pour parvenir à réaliser le courant avec exactitude, il faut s'en occuper sans avoir égard à l'arriéré. Pour parvenir à faire rentrer l'arriéré, il ne
faut pas de même s'occuper du courant. C'est le
Propriétaire, créancier bienfaisant, qui oublie l'arriéré des locations et le coupe en plusieurs paiemens,
pourvu que l'on apporte de l'exactitude à acquitter
les termes courans.

Les contributions de l'an VIII doivent être divisées par douzième, en paiemens mensuels. Chaque
paiement doit être effectué avant la fin du mois,
sinon commandement le 1.er du mois suivant, saisie
le 5, vente des meubles le 15. Assurément la di-
vision des côtes en douze paiemens, doit anéantir
tout prétexte; mais il ne faut pas laisser cumuler
les paiemens. Pour éviter les dangers de cette cu-
mulation, il faut établir le système des Lettres de
change à souscrire par les receveurs-généraux. La
nécessité de satisfaire à ces engagemens, provoquera
l'activité des receveurs contre les percepteurs, de
qui les receveurs pourront également exiger des traites
par douzième. Le total des contributions devrait

être rentré dans les 11 mois au Trésor public, et
il ne serait consenti de traites mensuelles, que pour
les quatre cinquièmes du montant total et présumé
des contributions, afin de laisser l'aisance nécessaire pour répondre aux réclamations en dégrèvement.
Par ces précautions, les rôles de l'an VIII seront
perçus exactement.

Quant à l'arriéré jusqu'en l'an VIII, rien n'est
plus absurde, je dirai même cruel, que de vouloir
en exiger le paiement dans les 3 ou 10 jours. C'est
vouloir répandre l'indignation et la révolte dans
toutes les classes de la société. Cependant il faut
le faire rentrer. Les contribuables sont en faillite
réelle envers l'Etat, il faut prendre des arrangemens
avec eux.

Il doit être formé une somme totale, pour chaque
contribuable, de tout l'arriéré jusqu'en l'an VIII.
Cette somme sera divisée en six paiemens, qui
auront lieu de deux mois en deux mois, à compter
du 15 Nivôse, jour auquel se fera le premier paiement. Il sera pris à l'égard de ces rentrées, les
mêmes mesures que pour les contributions de l'an
VIII, tant envers les particuliers, qu'envers les
receveurs-généraux. Par ce moyen tout l'arriéré serait
rentré au 15 Brumaire prochain.

Cette marche pour la perception, est simple, sans
entraves. Elle garantira de l'arbitraire, des exactions
ruineuses ; et une fois les bases de la répartition
bien établies, la circulation des rentrées alimentera
le Trésor public, qui se trouvera dégagé de cette
correspondance sans ordre et sans succès qu'il est
obligé d'entretenir.

L'exécution de ces deux mesures pourra remplir
les caisses sans délai. Il n'est aucun Banquier, aucun Capitaliste, qui n'escompte les Lettres de change
des receveurs ; delà l'abondance du numéraire qui

reparaîtra par la sûreté des négociations multipliées.
Il n'est aucun traitant qui ne les reçoive en paiement.
Delà le signe monétaire qui sera doublé pendant
plusieurs mois de l'existence et de la circulation de
ces traites. Il serait inutile d'énumérer tous les bienfaits que ce système peut faire naître. Ils peuvent
être appréciés par les esprits les moins attentifs ; du
reste, ce mode de perception a déjà été au creuset :
il produisit les plus grands avantages dans l'administration de la ci-devant Province du Languedoc,
où des mains habiles l'avaient mis en usage.

Mesures exagérées, absurdes et oppressives.

C'est ici le lieu d'attaquer et de combattre l'hydre
qui dévore nos ressources, qui anéantit nos moyens.
C'est ici que la massue du Citoyen qui adore son
pays, doit être levée avec courage pour écraser
ces têtes hideuses qui menacent de détruire le pays
fertile et immense qui le vit naître.

Nos victoires, notre grandeur au dehors, ne produisent d'autre effet que de représenter la France
comme un sépulcre blanchi. C'est ce vaste et ma-
gnifique Palais qui ne renferme que la misère et la
douleur. O ma Patrie ! ton génie protégera mes efforts. Loin d'être exposé aux persécutions de tes
ennemis, j'aurai bien mérité de toi, si je puis découvrir l'abyme prêt à t'engloutir, et indiquer les
moyens de le combler.

Il est en France trois monstres qui menacent de
ravager son sol et d'y porter l'épouvante, la misère et la mort. J'ose prétendre à les vaincre. Si
l'injustice, l'intrigue, le crime, cherchent à me punir
de mon courage, j'aurai fait mon devoir, et à ce
titre j'apprécie peu mon existence. Je boirai la ciguë

sans frayeur. Si au milieu du succès, je puis voir mes Concitoyens jouir du fruit de ma victoire, je ne voudrais pas échanger ma gloire pour celle des Bonaparte, des Massena, des Brune : ils auront vaincus au dehors, j'aurai vaincu au dedans ; et leurs victoires se confondant dans leur but avec la mienne, nous serons également les sauveurs du Peuple Français.

Les monstres que je viens combattre, sont la Liste des émigrés, non encore fermée ; — la Loi sur l'Emprunt de 100 millions ; — la Loi sur les Otages. Voilà les chancres politiques qui rongent ma Patrie ; voilà le feu terrible dont le ravage porte par tout la dévastation et la ruine. Devant ces Lois, les Finances ont été bouleversées, les ressources se sont taries, la circulation a été tout-à-coup paralysée, le Commerce a éteint son génie ; tout a ressenti la secousse meurtrière : la fortune publique, les fortunes particulières en ont été atteintes. C'est le glaive exterminateur qui ne laisse après lui que décombres et destruction. Je vais combattre ces Lois séparément.

Liste des Emigrés.

C'est à l'émigration que la France a dû ses ennemis et ses malheurs. Nul châtiment ne peut être proportionné à ce crime. La mort est une punition trop douce ; mais c'est aussi à la continuation des Listes des émigrés, que la France doit la continuation d'une portion des calamités présentes. Elle est une arme acérée, dont la haine, la vengeance, se servent pour perdre les Citoyens. Elle est donc un des instrumens le plus dangereux de la démoralisation. Elle est une des causes du discrédit public et particulier. Quel est celui que l'inimitié ne poursuit pas ? Quel est celui par conséquent qui ose se flatter qu'il ne sera jamais inscrit sur cette Liste fatale ? Je suis capitaliste, j'ai des fonds volumineux, je veux les placer; mais à qui les confier ? Sans doute un propriétaire probe, exempt de dettes, économe, me présente une garantie suffisante ; c'est à lui que je dois prêter mes fonds...... Grand Dieu ! qu'allais-je faire !...... Et la Liste des émigrés ! Il suffit que cet homme soit grand propriétaire, pour qu'il excite l'envie, la vigilance du fripon, et qu'il soit inscrit sur cette Liste funeste. Mes fonds seraient alors compromis par le séquestre de ses biens. Je garderai mon argent, je l'enfouirai; car à qui le prêter, si un propriétaire semblable ne me paraît pas solide ? Ainsi voilà la circulation privée de cette somme.

J'ai un établissement en vue; ses heureux résultats profiteront à mon pays et à ma caisse. J'ai résolu d'y consacrer la majeure partie de ma fortune : mes plans sont dressés, je n'attends que l'instant de l'exécution. Une multitude d'ouvriers y viendra chercher son existence, et je répandrai ainsi l'aisance en ravivant l'industrie.... Mais..... je réfléchis..... je puis être arrêté au milieu de mes succès .... et la Liste des émigrés ! elle est encore ouverte ! Non, non, cachons mes trésors ; conservons-les pour des tems plus heureux. Le Législateur ne pourra pas rester plus long-tems insensible sur les ravages de cette Liste désastreuse; elle sera fermée, et je pourrai travailler sans danger.

« Mon père, s'écriaient ces jours derniers des enfans intéressans", tu nous a promis de nous établir avantageusement, et de donner tes soins à notre entreprise. Quand nous annonceras-tu le jour désiré ? — Mes enfans, j'attends des rentrées suffisantes et des tems plus calmes. — Tu nous a montré dans ta caisse des sommes énormes, il nous paraît qu'elles peuvent suffire à tes vues bienfaisantes : quant aux circonstances , elles ne furent jamais plus favorables. La victoire est revenue sous nos drapeaux, les Héros qui les conduisent, ont dissipé la horde des coalisés dont nous avions tant de peur ; l'espoir renaît par tout , et assurément le bien qui doit résulter de ces événemens, doit t'encourager à réaliser tes promesses. — Mes enfans, cet or que je vous ai montré, ne doit pas encore voir le jour ; il est là pour votre salut et pour le mien. Les avantages que nos braves obtiennent au dehors, n'ont encore rassuré personne au dedans...... la Liste des émigrés est ouverte ! ! ! Notre voisin, nos domestiques, un ennemi, un jaloux , peuvent me faire inscrire sur cette Liste ; et quoiqu'il soit bien constant que je n'ai jamais abandonné mes foyers, j'aurais encore beaucoup de peine de prouver une résidence non interrompue, à cause des courses que j'ai toujours multipliées dans les différens domaines que nous possédons.

« Pendant mon absence ordonnée par la Loi, vous seriez réduits ici à la misère sans cet or que je conserve. Les dépenses de mon voyage, votre entretien , vos sollicitations, tout cela exige des ressources pour pouvoir parvenir à la radiation , et voilà les motifs du repos où je laisse ces fonds. La circulation en est privée, il est vrai ; c'est un tort que je fais à la société, mais notre sûreté commune l'exige. Du reste ne vous alarmez pas, cette Liste devenue horrible, aujourd'hui où les vrais émigrés sont connus et signalés, ne tardera pas à provoquer l'attention du Législateur , qui s'empressera de la clore ; et alors je vous promets de réaliser vos désirs et les miens. »

Ces tableaux ne sont pas exagérés. Si l'on enfouit ses capitaux , c'est la crainte qui en fait une loi de prudence. Nous marchons sur des volcans; la Liste des émigrés est un précipice toujours prêt à vous engloutir; et dans ses suites désastreuses ne devons nous pas compter cette confusion dans les propriétés foncières, causée par les séquestres multipliés et ruineux, ce gaspillage de fortunes, qui, ne profitant qu'à quelques misérables exacteurs, réduit à la misère des familles estimables qui possédaient une aisance légitimement acquise? Je sais que dans un grand État, les souffrances particulières sont attachées aux secousses inévitables qui le tourmentent, lors même qu'il ne tend qu'à s'améliorer. Mais aussi ces secousses sont bien moins violentes lorsque le bien n'est pas heurté par les obstacles qui lui sont opposés; et, assurément, si on calcule avec réflexion les effets si sensibles que produit la Liste des émigrés, on ne pourra pas se refuser à l'aveu de son influence dans le retard du bien. Le bien serait de faire renaître la confiance totalement éteinte; de redonner à la circulation des capitaux, cette activité précieuse qui porte la vie dans la société; de tranquilliser, de s'attacher les cœurs par la réprobation des mesures arbitraires et terrifiantes, et c'est la Liste des émigrés qui paralyse ces heureux résultats. Fermez-la donc, Législateurs; que votre sagesse, votre courage, opposent une digue à ce torrent dévastateur. Les vrais émigrés vous sont connus, vous ne devez vous occuper que des moyens de les frapper et de repousser, leurs efforts criminels contre une Patrie qu'ils ont méconnue, abandonnée, et sur le sol de laquelle ils ne doivent plus retrouver pour eux que la mort, jusqu'à ce que nos triomphes et la paix les aient réduits à l'impuissance et au néant qui les appelle.

Emprunt de 100 millions.

La Loi sur l'Empunt de 100 millions n'est pas moins immorale, injuste; elle est de plus insensée, inconstitutionnelle et funeste au Trésor public autant qu'à la société entière. On ne saurait l'attaquer et la combattre avec assez d'indignation et d'énergie. On s'est permis sous un Gouvernement régulier ce que ne se permettrait pas le vainqueur tout puissant qui pénètre dans une place prise d'assaut.

Je dis que cette Loi est immorale, en ce que l'on emprunte avec la certitude de ne jamais rendre: l'on n'a pas encore indiqué sous quelle forme l'Emprunt sera remboursé. Elle est immorale en ce qu'elle tend des piéges à la bonne foi par son titre même. Il n'y a que la loyauté, la probité et les moyens, qui osent prétendre à un Emprunt. Il doit être affligeant pour tout français de ne pouvoir pas asseoir sa confiance sur les opérations de son Gouvernement. Mais comment se persuader que ces opérations sont probes et sûres, lorsque ce titre de confiance, *l'emprunt*, dégénère en *emprunt* forcé? Je veux dire la *bourse ou la vie*. Mon ami, je suis dans l'embarras, me disait ces jours derniers mon voisin; j'ai l'intention de faire un emprunt. Je sais bien que je passe pour un mauvais sujet, *un roué* en affaires, et je ne te dirai pas comment je rembourserai, c'est ce qui m'occupe le moins : mais le titre d'emprunt emportant avec lui l'espoir de remboursement, je persuaderai par cet espoir, et d'ailleurs je brûlerai la cervelle au premier qui osera me refuser, quand même il me jurerait qu'il est dans l'impossibilité de me prêter.

Voilà la moralité bien exacte de l'Emprunt de 100 millions, autrement dit en termes techniques, *emprunt des foréts*.

Cet emprunt n'est pas moins injuste; l'injustice naît d'abord de son immoralité, elle naît encore de ses dispositions. Y a-t-il rien de plus injuste, de plus impolitique, que de taxer les familles sur leur réputation, sur les dehors de leur existence; que d'exiger le tiers de la taxe avant que les Citoyens soient autorisés à réclamer: comme si on n'avait le droit de crier au voleur, que lorsqu'on vous a déjà allégé d'un tiers de votre fortune? Y a-t-il rien de plus révoltant que d'oser dans un emprunt attaquer les capitaux? Nous savons, disait le rapporteur de la première résolution, (si digne du 22 Prairial et des rapports de Couthon) nous savons qu'en calculant la taxe de telle ou telle classe de Citoyens, les revenus ni les épargnes ne suffiront pas. Alors ils seront forcés de vendre leurs biens et d'entamer leurs capitaux; et telle a été l'intention de votre Commission. Quoique par les Droits de l'homme l'on puisse voyager, aller et venir, en se conformant aux réglemens de police, l'on ne délivrera plus de passeports qu'à celui qui aura acquitté sa cote d'emprunt : on n'en délivrera pas même à celui qui serait forcé de voyager pour aller chercher les fonds nécessaires pour remplir le paiement de cette cote. Point de certificats de résidence à celui qui ne se sera pas libéré. Si la haine, la méchanceté, l'inscrivaient sur la Liste des émigrés, et qu'il fût traduit à une Commission militaire, il serait mis à mort par le refus de ce certificat, quoique n'ayant jamais quitté son domicile. Quelle monstruosité ! Comment oserait-on prétendre à la confiance, avec des mesures aussi violatrices de tous les principes d'équité et de vertu? Les manœuvres des perfides insulaires sont elles aussi funestes à la France que ces dispositions tyranniques, qui ressemblent à des actes de brigands, plutôt qu'à l'œuvre du Législateur ? Et cette Loi modifiée faiblement, a cependant son exécution ; elle promène sa verge de fer sur les ruines du Commerce, à qui elle a porté le dernier coup de la mort.

Cet emprunt est insensé, parce que son exécution est impossible. Le tyran Denis avait établi plusieurs impôts onéreux, son peuple murmura très-haut ; mais il multiplia tellement ces impôts, que le peuple les considérant comme le fruit de la folie, ne se fâcha plus, prit *le parti d'en rire*, et ne paya pas, parce qu'à l'impossible nul n'est tenu. Prenez ce que j'ai de disponible, prenez mes revenus, je vous les abandonne ; mais attaquer mes capitaux, c'est vouloir anéantir les moyens, répandre la ruine, et alors c'est le comble de la déraison.

Cet emprunt est inconstitutionnel. La loi doit être égale pour tous, soit qu'elle protége, soit qu'elle punisse. Mais pourquoi cet emprunt ne pèse-t-il que sur certaines classes de la société ? Si c'est réellement un emprunt, vous ne devez rien exiger ; vous devez attendre la rentrée des sommes que vous désirez, de ceux qui auront assez de confiance en vous pour vous prêter. Si c'est un impôt, vous devez le faire peser également sur tous les contribuables. Rien n'est plus opposé à la Constitution, à la justice, à la saine morale, que de vouloir écraser une portion de la société, pour caresser les passions de la multitude. Eh ! de qui, Législateurs imprudens et faibles, avez-vous cru protéger les intérêts, en adoptant aussi légérement cette loi de désolation et de terreur ? Serait-ce du Trésor public ? Mais par cette loi même, toute rentrée est éteinte ; les droits de l'enregistrement sont presque réduits à zéro, la stagnation du Commerce suspendant la circulation des marchandises, les droits de passe sont moins abondans ; personne n'ose traiter, dans la crainte de paraître riche et d'être écrasé ; le timbre, l'octroi, ont diminué leur produit, et vous avez porté la pénurie au Trésor public, au point que dernièrement on n'a pas pu y remplir un appoint de 66 francs. Serait-ce de la société, des particuliers? Mais voyez vos ateliers fermés, et la masse des ouvriers sans occupation et sans pain, menacer à chaque instant de la révolte ; voyez les né-gociations suspendues et nulles ; le numéraire enfoui, et presqu'aussi rare que sous le papier-monnaie ; les transactions nulles, la méfiance portée au plus haut degré, les manufactures abandonnées et sans aliment, les faillites, les banqueroutes multipliées à l'infini, et entraînant par leur secousse les maisons les plus puis-santes et les mieux accréditées. Voyez cette immensité de familles, de gens de peine, délaissés par leurs patrons dont l'existence chancèle par cet emprunt ; les besoins, la misère hideuse effrayant cette classe de citoyens dont tous les moyens résident dans le travail, et qui, réduits au désespoir par la cessation des dépenses du riche, poussés par la faim, peuvent inquiéter la sû-reté publique, et répandre la consternation ! Voilà une esquisse des maux qu'a produit cette loi de désorga-nisation et de barbarie, digne des tems orageux de 93 ; oser les nier, oser les révoquer en doute, oser s'op-poser au rapport de la Loi qui les cause, c'est s'avouer complice des assassins de la République.

Ouvrez les yeux, Législateurs, la patrie en deuil vous en conjure ; le Commerce, l'honneur, la sûreté de la Grande-Nation l'exigent. Levez la massue de votre justice : brisez ce ressort du désordre et des malheurs publics ; bannissez à jamais ces systèmes d'oppression et de machiavélisme, que d'absurdes publicistes ont l'impudeur de vouloir colorer des apparences du bien public, et qui ne sont en effet que le poignard dont on se sert pour égorger l'État. Point de ces systèmes en finances qui prétendent à la perfection, où l'on veut amalgamer les mesures révolutionnaires et excessives, à l'ordre simple et calme de la fiscalité. Les finances ne peuvent exister dans la confusion, ni s'allier à l'exagération ; leur marche régulière répugne à tout ce qui n'est pas L'ORDRE ET LA JUSTICE exactes. Les faiseurs veulent toujours prétendre au mieux. Le Législateur instruit et calme, sait que le mieux est, en finances, souvent opposé au bien. Il borne à ce principe ses projets et ses calculs. Arrachez le Trésor public, la fortune des citoyens, aux combinaisons fausses et destructives ; jurez de réaliser ce grand œuvre ; mais plus d'exagérations, lors même que vous croirez pouvoir y apercevoir le mieux.

Se traîner dans le trouble et les besoins, sans avoir le courage d'en sortir, c'est bassesse ; vouloir atteindre le bien et y parvenir, c'est force ; s'y maintenir, c'est sagesse ; vouloir toujours prétendre au mieux, c'est faiblesse et folie. Si le Législateur se pénètre bien de ces vérités, le calcul hideux de la loi sur l'Emprunt de 100 millions, le remplira d'épouvante et d'indignation, et il s'empressera de faire disparaître cet acte de calamités ; il sentira qu'il n'appartient de faire des emprunts qu'aux caisses bien établies et accréditées par la moralité, l'exactitude et les moyens ; qu'un Gouvernement qui, dans le système-financier, s'est joué jusqu'à ce jour de la bonne-foi, a violé ses promesses dans tous les points, discrédité, ruiné ses traitans probes et modérés, réduit à *zéro* par des combinaisons immorales, les valeurs qu'il avait données pour réelles et assurées, ne peut pas prétendre à des emprunts volontaires et libres, que la confiance seule peut réaliser. Créez des impôts, soignez leur répartition, éloignez de leur perception la tyrannie et l'exaction, voilà votre droit et votre devoir, voilà vos premières ressources ; l'économie et l'ordre doivent les faire fructifier. J'aurai occasion

de prouver qu'en fait d'impôts, tout n'est pas épuisé ;
et que l'on peut en établir sans provoquer le mécon-
tement, la révolte ou *le rire*.

Otages.

Dans des tems de crise et d'alarmes, lorsque les
ennemis de toutes les formes cumulent les dangers et
les rendent pressans, les tuteurs augustes du sort et
de la fortune des citoyens, doivent prendre des mesures énergiques qui réduisent à l'impuissance les efforts
des méchans. Ils doivent briser sans pitié les ressorts
de la perfidie et du brigandage, et sauver le vaisseau
de l'Etat par des manœuvres actives et multipliées ;
mais ces manœuvres doivent être calculées, dirigées
avec sagesse ; leurs suites doivent être prévues, et
aucuns de leurs résultats ne doivent être ignorés. Ces
précautions d'un pilote savant, ont été négligées par
nos Législateurs, lorsqu'ils ont adopté, presque sans
discussion, la loi sur les Otages. Son but était de punir
les coupables, elle les a dispersés sans pouvoir les
atteindre ; ils n'en sont devenus que plus audacieux.
Elle a été sur-tout l'un des instrumens terribles dont
la malveillance s'est servie pour dévorer les capitaux,
et en priver la circulation.

Je dis que son but est manqué. Les petites communes ont été abandonnées par ceux qui ont craint
d'être exposés à sa rigueur. Ils ont transporté leurs
domiciles dans des communes plus populeuses, où
les mouvemens insurrectionnels sont plus rares ou
plutôt réprimés. L'absence de ces individus, nécessairement les plus aisés, a rendu mécontens les habitans des campagnes et tous ceux qui leur étaient atta-
chés, et a accéléré leur révolte. D'un autre côté, ceux
qui n'ont pas abandonné leur domicile, sont ceux qui

ont cru pouvoir éluder la loi, ou se sont crus assez forts pour se défendre ; et loin d'étouffer les germes de révolte que cette loi avait prévus, elle n'a fait aussi qu'en hâter le développement dans des communes qui peut-être eussent été calmes. Tout individu mécontent s'irrite par la rigueur ; il ne s'appaise que devant la générosité de celui qu'il redoutait, et il hasarde souvent le tout pour le tout ; c'est ce qui a eu lieu dans la majorité des communes insurgées dans l'Ouest. Leur mécontentement eût fini par des discours, si l'on n'eût pas irrité les chefs, les habitans aisés ou ex-nobles, par des menaces et des peines rigoureuses.

Je ne m'arrêterai pas davantage aux effets politiques que le Législateur n'a pas assez prévus, et que d'autres plus habiles et plus observateurs peuvent développer avec plus de talent et de vérité. Je me contenterai de parcourir les résultats désastreux pour le Commerce et les Finances, que cette loi a produits.

L'on ne peut se dissimuler que le premier acte des individus exposés aux peines portées par la loi sur les Otages, a été de s'occuper de leur existence par la conservation des fonds qu'ils avaient en caisse. Ils ont pressé la rentrée de ceux qui pouvaient être dispersés, et ont caché soigneusement, ont enfoui tout le numéraire qu'ils ont pu réaliser. Cette assertion n'est pas hasardée, elle est appuyée par des preuves morales, fondées sur les précautions que leur existence compromise pouvait leur suggérer. Or des individus menacés par cette loi, sont, comme je l'ai déjà observé, les plus riches, les plus aisés dans leurs communes ; et ils ont nécessairement porté la pénurie dans la circulation des espèces, par cela même qu'ils en possédaient le plus. Je sais que ces suites désastreuses sont inséparables des guerres civiles ; mais je sais aussi que cette loi, en devançant, en réalisant cette guerre civile, qui sans elle eût peut-être été moins active et moins alarmante, a en même tems produit la disparution des espèces dans les communes non-insurgées.

Et, oserai-je le dire, combien, qui, en haine de nos principes, qui exaspérés par les mesures liberticides, qu'au mépris du régime constitutionnel, nous ne craignons pas de multiplier, ont cherché à soutenir, à nourrir les efforts des insurgés. Pour y parvenir, ils ont accumulé des capitaux majeurs, afin d'alimenter les germes de la révolte et d'en hâter l'explosion. Effrayés par la certitude d'être un jour rangés parmi les Otagés, ils n'ont plus hésité; ils se sont persuadés qu'en attaquant, leur salut serait plus assuré que s'ils attendaient d'être atteints par la persécution, et ils ont englouti des sommes énormes pour soutenir leur parti, et pourvoir à leurs besoins pendant la révolte. C'est ainsi que ces fonds ont été perdus pour le Commerce, et que cette perte a contribué à la pénurie affligeante des espèces, qui porte par-tout l'apathie et la désolation. Cette loi funeste ne saurait exister plus long-tems, je la dénonce à l'opinion publique; j'invoque l'amour sacré de la patrie, dont nos Législateurs sont pénétrés, et bientôt cet acte de terreur, si opposé à nos principes constitutionnels, disparaîtra de notre code.

Code hypothécaire.

La loi sur le régime hypothécaire n'a pas été moins funeste à la circulation. Je rends hommage au calcul heureux qui pour l'avenir a porté l'ordre et la sûreté dans les transactions et titres hypothécaires; mais la mesure prise pour les anciens titres a produit des maux incalculables. Il était aisé de réaliser les vues fiscales de cette partie du code, sans soumettre ces titres à une nouvelle inscription qui a jeté la confusion et l'embarras chez tous les conservateurs. L'inscription existait déjà par les oppositions notées et reçues, il suffisait

donc

donc d'en ordonner l'enregistrement. Combien de familles sont aujourd'hui privées du rang que la bonne foi, la volonté du débiteur avait donné à leurs créances? Ignorant la situation et l'existence de tous les biens du débiteur, trompés par la négligence ou la prévarication des conservateurs, leurs droits se trouvent atténués depuis l'expiration des délais qui furent accordés. Il en est qui ont fait enregistrer leurs titres, et qui par conséquent ont rempli le but fiscal de la loi, mais qui n'étant pas inscrits, ou par la faute du conservateur, ou par l'éloignement des lieux qui rendait l'envoi des titres difficile et impossible, ou par l'ignorance des immeubles du débiteur, ont perdu avec leur rang d'hypothèque, une fortune bien légitimement acquise et avouée par le débiteur. Cette injustice doit être réparée. Assurément, celui qui a fait enregistrer son bordereau d'inscription, et qui a satisfait par là à la partie fiscale de la loi, doit conserver son rang et sa valeur d'hypothèque pour tous les titres consentis avant la mise en activité du nouveau code hypothécaire, et qui portant sur les biens présens et à venir, par le consentement des débiteurs.

A ces injustices partielles, que le Législateur s'empressera sans doute de faire disparaître, nous devons ajouter les coups pernicieux que cette loi a porté au Commerce. La vérité en est facile à concevoir, les effets en sont sentis par toutes les classes de la société. Les conservateurs ne délivrent plus de certificats d'inscriptions. Le prix de la vente des immeubles est déposé ou retenu par l'acquéreur, et le vendeur en est privé. Ces fonds, ainsi paralysés, sont comme perdus pour la circulation, et l'on ne peut pas être taxé d'exagération en portant à environ cinquante millions, les sommes en stagnation en ce moment dans l'étendue de la République, et formant le prix de la vente des immeubles, pour lesquels on n'aura pas encore de long-

tême de certificat d'inscription ; et lorsqu'on aura pu
obtenir des certificats d'inscription et des oppositions
existantes, que seront devenus les fonds provenant du
prix des ventes ? Pour ne pas déposer à la Trésorerie,
qui n'inspire aucune confiance, et ne pouvant plus
déposer chez les notaires, les acquéreurs ont gardé le
prix des immeubles vendus. Ces fonds se trouveront
divertis, lorsque les certificats d'inscription pourront
être délivrés ; delà des procès sans nombre : autre
fléau que cette loi aura produit. Il est vrai que la loi
qui défend les dépôts chez les notaires, et qui exige
qu'on les effectue à la Trésorerie, est bien vexatoire,
bien tyrannique ; pourquoi gêner la confiance ! Ce sont
ces mesures qui anéantissent le crédit, et portent
partout la terreur et la défiance dans les transactions.
Ce mal funeste n'appartient qu'à la partie du code
relative aux anciens titres qui ont porté le désordre
dans cette partie. C'est à cette cause qu'il faut attri-
buer une portion des faillites qui affligent le Commerce.
Combien, qui ayant vendu leurs biens pour honorer
leurs engagemens, et n'ayant pu encaisser le prix de
ces aliénations, se sont vu forcés de suspendre d'abord
leurs paiemens, et de manquer ensuite en s'abandonnant
à leurs créanciers. Anéantissement de crédit ; destruction des maisons de Commerce ; impossibilité de ré-
parer ses pertes, voilà le fruit de la non-réalisation
des immeubles. Quel remède indiquer ? Je n'en connais
qu'un seul qui n'est pas encore suffisant, celui de
redonner aux titres existans avant la mise en activité
du code hypothécaires, et portans sur les biens présens
et à venir, leur force, leur rang et leur valeur, pourvu
toutefois qu'ils aient été seulement enregistrés dans les
délais prescrits. Alors les conservateurs pourront délivrer des certificats d'après les notes d'oppositions existantes à leurs bureaux. Le regret d'avoir rendu une
loi aussi désastreuse pour le Commerce, doit être bien

vit ; mais le Législateur se consolera difficilement de
ne pouvoir y apporter aucun remède utile. C'est une
digue rompue, qui ne pourra être réparée qu'après
l'épuisement du torrent. Je reviendrai à cet objet dans
mes projets ultérieurs sur l'impôt.

———

Contrainte par corps.

L'acte du Législateur, le plus affligeant et le plus
malheureux, c'est lorsqu'il se croit forcé de ravir la
liberté à un citoyen : la société entière souffre lorsqu'un
de ses membres en est séquestré pour aller habiter les
repaires destinés aux brigands. Mais les alarmes de
cette société sont bien plus vives, et les sollicitudes
bien plus sensibles, lorsque le citoyen vertueux, que
des malheurs ont traîné aux pieds de l'infamie et des
besoins, se voit tout-à-coup arraché à sa famille, à
ses affaires, à la nécessité de conserver ce qui lui
reste pour honorer sa maison et soigner son existence,
et qu'il est relégué parmi ces êtres que la sûreté et la
vindicte publique retiennent dans les fers. La Contrainte
par corps, exécutée pour dette, produit ces tristes
effets. Est-elle juste, est-elle utile ? La masse des maux
qu'elle cause, ne surpasse-t-elle pas le bien qu'on en
espérait ?

C'est sans doute une question bien délicate et bien
difficile à résoudre que celle de savoir si le Législateur, dans un état républicain, a le droit de ravir à
un citoyen sa liberté, hors les délits prévus par le
code pénal. Cette question n'a été qu'effleurée lors du
rétablissement de la Contrainte par corps, et elle avait
cependant des rapports assez essentiels avec la liberté
civile, pour qu'elle méritât une discussion solennelle
et approfondie qui éclairât les citoyens sur leurs droits,
en les avertissant de leurs devoirs. Quant à moi je n'ai

jamais pensé que les pouvoirs du Législateur s'éten-
dissent jusqu'à cette violation de la sûreté des personnes
non-accusées d'un délit.

Contracter une créance, être réduit à l'impossibilité
d'y faire honneur, ce n'est pas un délit. Tant que la
confiance est réciproque, que les traitans ont pu donner
ou refuser leurs fonds ou leurs marchandises, le non-
remboursement de la part du débiteur, n'est pas un
délit pénal. Les droits du créancier ne s'étendent pas
au-delà des biens, de la fortune de ce débiteur. Lui
ravir sa liberté, parce qu'il ne peut pas payer, c'est
violer tous les principes de sociabilité ; c'est confondre
le citoyen que le malheur accable, avec celui que le
crime guide ; c'est une monstruosité dans un Etat
où les Droits de l'homme ont été proclamés, et font
la base et le soutien du Gouvernement.

D'après mon opinion bien prononcée sur cet objet,
je regrette que les principes sévères de la liberté civile, repoussent la mesure de la Contrainte par corps
pour dettes. Elle est conservatrice de la sûreté de la
bonne foi des négociations ; elle écarte l'intrigant,
l'homme immoral, du cercle honorable des Négocians; et la délicatesse, la franchise, la loyauté du
Commerce, se développent sans redouter les dangers
et l'astuce des fripons. Mais quand et comment cette
Contrainte par corps doit-elle être admise? Je vais
essayer de présenter quelques solutions par l'examen
même des circonstances qui la réclament ou la ré-
prouvent.

Nous avons vu la France étendre ses relations commerciales jusque chez les Nations les plus éloignées.
L'intérieur florissait de l'éclat qu'elle répandait au
dehors, et la confiance siégeait dans tous les comptoirs.
Alors le crédit étendait ses ailes bienfaisantes sur toutes
les classes. Un intérêt modique et légal suffisait pour
bonifier les capitaux et les rendre productifs, et des

termes éloignés étaient mutuellement accordés pour
la rentrée des fonds. A Lyon, à Marseille, à Bordeaux,
à Rouen, dans d'autres villes de commerce, et presque
pour toutes les marchandises, le crédit ordinaire était
d'un an, et les grands crédits de dix-huit mois. Les
Marchands jouissaient ainsi d'un grand laps de tems
pour écouler leurs marchandises, et jamais ils n'étaient
en retard pour remplir leurs paiemens aux termes,
parce qu'ils avaient eu le tems de réaliser et d'effec-
tuer leurs rentrées; ils n'étaient pas d'ailleurs écrasés
par l'escompte : leur vendeur se contentait d'un bénéfice de cinq pour cent, et l'escompte était rarement
au-dessus de cinq pour cent par an. Alors, sans doute,
celui qui n'honorait pas ses engagemens à leur échéance,
ou qui ne représentait pas les marchandises qui lui
avaient été vendues, devenait coupable : outre la perte
du crédit, il encourait la perte de sa liberté, lorsqu'il
n'indiquait pas le sort des marchandises, et la Contrainte par corps lui était justement appliquée, puisqu'il avait réellement détourné, à son profit, des objets qu'il avait eu tout le tems de réaliser, et dont
d'ailleurs il ne justifiait pas de l'emploi.

Hé bien, même dans ces tems d'ordre et de prospérité commerciale, où l'abondance du numéraire, son
intérêt borné, offrait tant de ressources pour parer aux
événemens défavorables d'une maison, l'annonce d'une
faillite était un jour de deuil à la Bourse. On s'empres-
sait d'accourir auprès du failli; on lui offrait ses services, et on le sauvait s'il avait jusqu'alors joui de
l'estime de la place. On ne se décidait à le faire arrêter,
que lorsqu'il était évidemment coupable, et on lui
pardonnait lorsqu'il n'était que malheureux, en lui
donnant même de nouveaux moyens de travailler. Ce
n'était qu'avec des ménagemens multipliés, et après
avoir épuisé toute conciliation, que l'on appliquait la
Contrainte par corps, et alors elle pouvait être admise.

Mais aujourd'hui où le Commerce a déserté nos contrées, où un simulacre de négociations fait donner le nom de Commerce à ce qui n'est réellement qu'un agiotage impudent; où, sans crédit, sans fonds, l'on est forcé de se fixer à ses faibles ressources pour ouvrir et soutenir un magasin, comment peut-on laisser exister la loi sur la Contrainte par corps? N'est-elle pas un instrument dont les fripons se servent pour perdre l'honnête homme, plutôt qu'une sauve-garde pour effrayer le fripon?

La douleur et le regret, dont mon cœur est atteint, suivent ma plume dans l'exposé des déplorables effets de la Contrainte par corps, et des causes plus déplorables encore qui en amènent l'application.

Le crédit n'est plus qu'un être de raison; l'immoralité des opérations du Gouvernement, a amené l'immoralité des opérations entre particuliers; et tandis qu'autrefois on estimait un homme tant qu'on n'avait pas de preuves qu'il était un fripon, aujourd'hui l'on regarde tous les hommes comme des fripons, jusqu'à ce qu'ils prouvent qu'ils sont probes ou délicats. Comment pouvoir retrouver le crédit dans un semblable bouleversement du cœur humain? cependant quelques facilités, que l'on achète par de grands sacrifices d'escompte, attirent encore celui qui a besoin de travailler. Il se présente dans des magasins; il y apporte la candeur, la probité attestées; il amène des cautions, et il obtient en consignation, ou bien en vente définitive, les marchandises dont il a besoin. On reçoit ses traites à trois mois, et l'on ajoute au montant de la facture, une somme énorme pour l'escompte, *qui d'avance dévore les bénéfices de cet acquéreur!*... Trois mois!... Malheureux! où vous emporte le besoin ou le désir de travailler! Pouvez-vous vous promettre d'avoir réalisé dans trois mois, dans des momens où la consommation est si rare, où la vente est si bornée, où la rareté du numéraire paralyse toutes les ressources, où l'intérêt anéantira vos faibles capitaux, si vous voulez réellement honorer votre signature? Hélas! les trois mois s'écoulent, rien n'est vendu, et les traites ne sont point acquittées. Cet homme honnête se trouve placé entre la perte de sa fortune et de sa liberté. Des poursuites rigoureuses sont exercées contre lui; car aujourd'hui on est sans pitié, les cœurs sont fermés à la bienfaisance; des frais devenus si énormes depuis que la justice se rend *gratis*, absorbent ce qui lui reste: on vend, on dévore son magasin; et comme il est impossible que ces ventes forcées, souvent combinées entre l'huissier et les acheteurs, puissent couvrir les dettes du malheureux, on fait viser les pièces, on *lui souffle ce visa*, et tandis qu'au sein de sa famille désolée, il verse des larmes sur la perte de sa fortune, on entre, on le saisit, on le traîne dans des cachots! Quelle horreur! Cependant ce tableau cruel est vrai, vrai dans son ensemble; j'en ai été le témoin, et j'en ai encore l'ame attendrie et troublée.

Les effets de la Contrainte par corps sont-ils salutaires? Son exécution produit-elle tout le bien qu'on en espérait? Je vais résoudre cette question par un exemple. On pourra se convaincre de sa vérité, en allant à la maison Pélagie.

Un Négociant respectable, possédant un revenu de soixante mille francs, se trouve entraîné par sa confiance en des associés plus ou moins probes. La gêne qui se fait sentir chez lui, comme dans toutes les caisses, le force, sur l'avis de ses associés, à recourir aux négociations. Il met sur la place une forte quantité de ses acceptations; on lui rend compte d'une portion des produits, et d'honnêtes agens, la plupart d'accord avec ses associés, s'emparent de la majorité des traites, et n'en comptent pas la valeur. Ces traites, entre les mains d'un tiers porteur, arrivent à échéance, nulle observation n'est admise, il faut les payer. Cet infortuné Négociant s'épuise pour honorer sa signature; mais ses ressources étant insuffisantes pour couvrir toute sa circulation, il est forcé de cesser ses paiemens. Des poursuites sévères ne lui donnent aucun délai, aucune grâce. Il s'empresse aussitôt de dresser son bilan; et après avoir balancé sa dette avec son avoir, il prouve à ses créanciers qu'il pourra s'acquitter en entier dans le cours de cinq années, et qu'il leur paiera un escompte de cinq pour cent. Tandis que l'on délibère, l'un des créanciers, ardent à le persécuter et à le perdre, fait viser les pièces, *ne fait pas signifier le visa*, et le fait arrêter à l'instant même où découvrant ses ressources, il cherche à prouver qu'il parviendra à se liquider en entier. Ce créancier a-t-il été payé? non sans doute. Le malheureux débiteur était dans une impossibilité absolue, quoique la somme ne fût que de 3000 fr. Il est bientôt écroué pour des sommes énormes; et aujourd'hui que les créanciers ont pris connaissance de la position et des produits bornés qu'offrira la vente de ses biens, dans un tems où les immeubles sont à vil prix, on s'est convaincu qu'il resterait tout au plus quinze ou vingt pour cent, et que la perte serait au moins de quatre-vingts pour cent. Ainsi cet homme est insolvable, lui qui avait prouvé qu'il pouvait s'acquitter en entier dans un si court espace, et même avec bonification d'escompte. Ses créanciers n'auront presque rien, par les ventes forcées; et il sera réduit à la mendicité, après avoir langui pendant cinq ans dans les cachots. Cet exemple peut s'appliquer à une foule d'autres infortunés qui habitent Pélagie dans ce moment. La désolation est à son comble; et sur cent prisonniers, il y a quatre-vingt-dix-neuf citoyens probes, délicats, vertueux, que le malheur a conduit à cette extrémité.

Encore une fois, la Contrainte par corps ne peut convenir qu'à des tems de prospérité et d'abondance. Elle est dans ce moment un fléau pour le Commerce. Elle suspend l'industrie, l'activité, parce que les crédits ou n'existent pas, ou ne sont pas assez étendus. Mais de quel droit un Négociant qui n'est pas payé par son débiteur, prétend-il pouvoir attenter à sa liberté ? Ou il le connaissait lorsqu'il a traité avec lui, ou il ne le connaissait pas. S'il le connaissait, ce n'est que d'après sa confiance qu'il a traité; et comme il n'a pu se confier qu'à un galant homme, il doit être persuadué qu'il y a impossibilité physique et morale, et que la Contrainte par corps accroîtra encore cette impossibilité au lieu de faciliter les moyens. Le débiteur n'a donc pas commis un délit à son égard, puisque la confiance a été la base des traités, et que cette confiance n'a pas été trompée, quand le malheur a tout fait? S'il ne le connaissait pas, il s'est exposé à cette perte : le tort lui appartient entièrement, il n'a pas droit de s'en plaindre ; il a encore moins le droit de faire arrêter un individu à qui il lui a plu de confier sa fortune sans le connaître.

La Contrainte par corps ne peut être appliquée qu'à des fripons connus et taxés d'un délit réel, et alors le délit est une banqueroute frauduleuse qui réclame des peines plus sévères que la simple arrestation. Négocians trompés, osez traduire au Directeur du Jury celui qui osa vous ravir votre fortune; qu'il soit puni par l'infamie et les fers, de la fraude qu'il a apporté dans sa conduite. La société appelle à grands cris la punition de cette foule d'escrocs qui inondent nos places, qui se jouent de la bonne foi; ayez donc le courage d'avertir la Justice des délits dont vous avez été les victimes; poursuivez sur-tout avec énergie les vampires qui déshonorent nos comptoirs par leur

sure, et qui après avoir sucé le sang de l'infortuné
qui a recours à leur caisse, manquent ensuite avec
impudeur à leurs engagemens, et volent ainsi impu-
nément tous ceux qui ont osé traiter avec eux. Ce
genre de vol est un torrent qui s'accroît chaque jour.
Rien n'est plus urgent que d'opposer une digue à un
brigandage devenu si commun. Législateurs, anéan-
tissez, ou du moins suspendez l'action de la Contrainte
par corps jusqu'à des tems plus heureux, et vous
aurez beaucoup fait pour le Commerce. Établissez
des peines sévères contre les banqueroutes frauduleuses, et vous aurez encore fait beaucoup plus, et
la Patrie vous bénira.

Les Concussions.

L'ordre le plus exact, les rentrées les plus abondantes, ne suffiront pas pour améliorer notre position,
si le Législateur ne porte la hache de la Justice au
sein de ces vampires qui sucent, par leurs rapines,
toutes les ressources de l'État. Nos armées, nos
administrations, nos ministères, sont encombrés
d'êtres immoraux qui ne voient dans les places qu'ils
sollicitent ou qu'ils occupent, que les moyens de
s'engraisser aux dépens du Trésor public. L'honneur,
le devoir, la délicatesse, tout est sacrifié sans pudeur;
les heures s'écoulent dans la méditation et l'exécution du vol, et rarement dans le travail. Eussions-
nous tous les trésors de ce roi tant vanté par ses ri-
chesses, la recette fût-elle élevée à cent pour cent
au-dessus de la dépense, nos finances seraient bientôt épuisées, si on tolérait l'existence des fripons ti-
trés qui rongent la fortune publique. C'est à eux qu'appartient l'embarras qui paralyse aujourd'hui le Trésor
public. La banqueroute que le Gouvernement fait aux

fournisseurs, aux rentiers, à tous ses créanciers, les les banqueroutes, des particuliers qui en sont la suite inévitable, tous ces maux ne sont dûs en partie qu'à ces sangsues insatiables.

J'ai le dessein d'entreprendre des fournitures pour le Gouvernement, à qui m'adresser? D'abord des faiseurs sans état, sans existence assurée, vrais intrigans d'antichambre, se présentent comme les êtres privilégiés pour faire donner les marchés; et il faut bien se servir d'eux, puisque en effet ils réussissent, et que le Négociant probe et plein de moyens, est éconduit lorsqu'il veut se présenter directement. Les faiseurs n'intriguent pas *gratis*; il leur faut une forte somme *pour les dépenses qu'ils appellent secretes*, et ensuite une seconde somme pour leurs honoraires. Il est souvent prouvé que l'on dispose à l'égard de ces hommes en crédit, de huit ou dix pour cent sur les bénéfices présumés du marché qu'ils vous obtiennent. Lorsqu'on est en activité pour l'exécution du marché, il faut avoir soin du Garde-magasin et du Commissaire des Guerres, afin de s'entendre pour faire accepter des objets avariés, pour obtenir des Procès-verbaux de versemens qui n'ont jamais été effectués, pour régler les rachats. Il faut encore laisser dans les mains de ces fonctionnaires loyaux, trois et quatre pour cent, toujours à imputer sur les bénéfices. Après avoir versé il faut être payé. Les repas, les cadeaux, l'argent distribué, absorbent encore trois ou quatre pour cent pour pouvoir être *ordonnancé* et *visé.* A la Trésorerie!...... Oh! à la Trésorerie, on y laisse souvent cinq ou six pour cent pour appaiser les intrigans qui vous servent, ou bien vous êtes mis à l'écart. Ensorte que, lorsqu'une affaire réussit parfaitement, on a déjà prélevé sur les bénéfices, de vingt à vingt-cinq pour cent avant de parvenir à être payé; et pour peu que l'on vous donne des valeurs en papier, les sacrifices se montent au moins à trente pour cent. Je demande s'il est possible de ne pas compter sur un bénéfice de trente-cinq à quarante pour cent dans tous les marchés passés avec le Gouvernement, et si en modérant cette prétention on ne courrait pas à sa ruine, puisqu'il faut engraisser tant de monde pour pouvoir réussir ? Quel brigandage !

A l'armée, tout le monde vole. On y voit le gaspillage des rations, les distributions simulées, multipliées, accordées à ces oiseaux de proie qui la suivent et la dévorent sans la servir. On y voit des Commissaires de toutes les couleurs, qui puisent, prennent par tout, à qui tout est bon, et qui, par un luxe scandaleux, insultent à la misère du soldat, après s'être gorgés d'or et de rapines. Ce n'est souvent qu'en répandant l'argent à pleines mains, que les fournisseurs obtiennent leurs pièces comptables régularisées. Les Quartiers-maîtres, les Gardes-magasins, les Commissaires des Guerres, le Commissaire général, les Généraux, tous agens du pouvoir, de qui le visa est nécessaire au fournisseur, se présentent comme autant de Cerbères à qui il faut jeter le gâteau pour les rendre dociles. Mais sur qui retombent tous ces sacrifices que le fournisseur paraît faire pour parvenir à remplir ses vues ? N'est-ce pas sur le Trésor public ? Ce traitant n'a-t-il pas prévu cette distribution d'argent nécessaire au succès de son entreprise ? Ne s'est-il pas déjà couvert de ses déboursés par l'élévation des prix de son marché, et d'ailleurs fournit-il tout ce qu'on lui certifie avoir fourni ? N'a-t-on pas vu des divisions entières manquer de tout, ou bien vivre de réquisitions; et d'un autre côté ne s'est-il pas présenté des traitans avec des pièces bien en règle, qui prouvaient que les magasins avaient été

toujours pleins, et qu'ils avaient fait leur service avec
exactitude ; qui prouvaient que les objets qui provenaient en réalité de ces réquisitions, provenaient au
contraire de leurs fournitures ; et qui par conséquent
se faisaient payer comme à eux appartenant, ce que
l'armée avait été forcée de se procurer par ses réquisitions, parce qu'ils étaient en retard et laissaient
manquer le service !

Le Trésor public peut-il suffire à tant de rapines ?
Peut-il se trouver en balance avec les recettes, lorsque
sa dépense est doublée par des fournitures *in petto*,
ou bien poussées à des prix exorbitans ? et cependant
on garde le silence sur cette masse de dilapidations !
Des cris, éloignés du bien public, poussés par des
passions opposées, ont bien quelquefois provoqué la
punition de ce scandaleux brigandage ; mais pourquoi
des cris qui indiquent des points dangereux de rallie-
ment, plutôt que le désir vrai de faire cesser le désordre ? Il faut des peines, des peines sévères. Il faut
que le glaive de la justice frappe les coupables et
effraie les imitateurs.

Il est un moyen précieux qui pourrait éloigner
l'occasion d'appliquer les peines qu'il est indispensable
d'établir : c'est la diminution du nombre d'employés
dans toutes les parties, et l'augmentation du traitement de ceux qui resteraient ; c'est le paiement exact
et mensuel de ces traitemens. Le vice est mort tant
qu'il manque d'occasions de se développer ; les besoins créent ses occasions, et l'audacieux tentateur
n'ignore pas que ses prétentions trouveront le succès
dans l'embarras pécuniaire de celui de qui dépend
ce succès. Je connais des hommes chez qui les mœurs,
la probité, la délicatesse, sont profondément enra-
cinés. Chargés de famille, sans traitement depuis six
mois, exposés à une misère déchirante, comment

ne seraient-ils pas sensibles à l'offre d'un client qui
ne propose pas d'abord de donner, mais de prêter!
Eh! que ce prêt est dangereux! Combien de forma-
lités, de précautions, sont négligées par ce fonctionnaire, lorsqu'il réfléchit que c'est sur son bien-
faiteur qu'il doit prononcer? Les défauts, l'injustice
même de l'affaire de ce prêteur, ne semblent-ils pas
s'affaiblir aux yeux de la reconnaissance? Peut-on
renvoyer sans succès un homme adroit qui a su vous
intéresser à son sort, en vous arrachant aux besoins,
et alimentant votre famille; et qui en voilant sa démarche du titre de prêt, a encore su ménager votre
délicatesse et vous empêcher de rougir? Ce tableau
est vrai dans son ensemble; il se réalise par tout, et
tous les jours il cause des pertes immenses au Gouvernement.

- Payez bien, et vous serez bien servis; payez bien, et
l'indignation des employés, des fonctionnaires, des
magistrats, mis à l'abri de la détresse, repoussera l'intrigue, quelques moyens qu'elle prenne pour corrompre
et parvenir à ses fins. Alors, établissez des peines rigoureuses et infamantes qui livrent à l'opprobre tout
agent infidelle et qui ose trafiquer de la justice. Que
jamais il ne puisse reparaître dans aucune place, et
que son nom, inscrit à la porte de l'Administration ou
du Tribunal où il aura prévariqué, annonce à ses imitateurs la peine qui les attend. Il est de ces hommes
immoraux, qui portent une conscience de brigands,
qu'il est sur-tout instant ou d'éloigner ou d'effrayer: ces
hommes se trouvent par tout et jusque dans le sanctuaire des lois. C'est de l'argent qu'on leur donne, et
qu'ils exigent, que dépendent la nomination aux places,
le gain des procès, le succès des opérations, des
entreprises tant auprès du Gouvernement que des
Ministres, des Conseils, des Administrations, des
Tribunaux.

Donnez-moi telle somme, déposez telle somme, et j'attendrai la loi que vous désirez; et [illegible] influences pro-nonceront en votre faveur, et vous aurez tel [illegible], telle place, quand même vous ne serez pas [illegible] de la remplir; et je ferai [illegible] votre parent, quand même son [illegible] serait parfaitement constatée, et je vous empêcherai même d'aller aux galères : voilà le langage des intrigans qui entourent les bureaux ! voilà le lan-gage des gens de bureaux ; le langage des [illegible], le langage des fonctionnaires qui ne [illegible] et n'agissent que pour de l'argent. Sans doute l'on ne peut se dissimuler que ces concussions, ces dilapi-dations scandaleuses n'accablent le Trésor public et [illegible] y portent le [illegible].

[illegible] point d'ordre, ni de stabilité dans les rela-tions commerciales. L'Intrigue étant à toutes les portes, le vrai Négociant n'ose plus se présenter; il aime mieux renoncer à toute affaire que de se [illegible] aux vexa-tions, aux chances qu'il ne pourrait ni [illegible] ni prévenir. Peu habitué à se [illegible] auprès des faiseurs, à répandre de l'argent pour obtenir justice, il serait nécessairement dupé; [illegible] et il préfère se résoudre à des pertes, à des sacrifices qui ruinent sa maison, plutôt que d'aller demander vainement une justice plus ruineuse encore, et d'être quelquefois gratuite-ment éconduit sans l'avoir obtenue.

Motions d'ordre.

Depuis que les hommes se sont réunis sous des règles communes, les démarches inconsidérées doivent être regardées comme un fléau; je ne dis pas dans la rou-tine du Gouvernement, mais encore dans la vie privée. Il est des êtres insensés qui ne s'attachent qu'aux

moyens de satisfaire leur amour-propre, et qui comptant pour peu le bien que la réflexion pourrait produire pour la chose publique, méconnaissent l'intérêt
de la Patrie, et suivent étourdiment la gloire éphé-
mère et souvent funeste, que le brillant d'un discours
leur attire, en voilant des maux incalculables. Ces
hommes assassinent le bien en paraissant attaquer le
mal. Par des droits trop étendus, ils interrompent
la majesté des discussions pour présenter leurs idées;
ils égorgent quelquefois la République au milieu même
de l'attention qu'ils ont provoquée, et cela s'appelle
motion d'ordre.

Peut-on se jouer ainsi du sens que présentent ces
mots : *Motion d'ordre ?* Un orateur, sans examiner le
fonds de ses assertions, sans approfondir les suites
de ses discours, attaque des usages sacrés, des lois
sages, des coutumes conservatrices; et cela s'appelle
une Motion d'ordre. Un autre dévoile le secret de nos
forces; il apprend aux Charles, aux Suwarow, notre
situation, notre embarras, notre misère, et cela s'appelle *une Motion d'ordre*. Une autre jette des projets
de finances, propose des réformes, des changemens
dans la comptabilité, annonce à l'agiotage les moyens
de bouleverser les négociations, et l'avertit d'en pro-
fiter; il écrase le Trésor public, lors même qu'il paraît
vouloir le sauver, et cela s'appelle *une Motion d'ordre*.
Un autre, armé de dénonciations furibondes, porte
le terreur dans les ames; il attaque les institutions salutaires qui le gênent; il poursuit la probité du fonctionnaire qui le fait rougir; il appelle la désorganisa-
tion des pouvoirs; il porte la massue de la destruction
sur les établissemens les plus avantageux; et envelop-
pant des dehors du bien public, des vues souvent destructives de tout ordre et de tout bien, il éblouit,
effraie, intéresse, entraine les cœurs, et les précipite
dans

dans l'erreur, à l'aide des prestiges de son éloquence, et cela s'appelle *une Motion d'ordre*.

Ce serait faire injure à nos Législateurs, que d'oser leur indiquer les moyens de remédier à ces Motions d'ordre qui sont si souvent opposées à l'ordre vrai et protecteur de la société. Sans doute l'ardent ami de son pays, qui rencontre sur ses pas la trahison, la perte de la patrie, qui a médité sur des vues utiles dont la publication lui paraît urgente ; qui doit s'élancer à la tribune pour prévenir des maux prêts à éclater, ce Législateur doit faire une *Motion d'ordre* ; mais pourquoi (même pour ces instans critiques), ne pas régulariser ces Motions ? Pourquoi abandonner à la passion le droit de faire le mal sous les apparences du bien ; même de faire le bien, en laissant aux autres, par l'exemple, le droit de faire le mal ?

La nécessité de mettre le droit des Motions d'ordre à l'abri des passions, est trop bien sentie pour qu'il me soit permis de m'y arrêter davantage, et la sagesse du Corps législatif lui suffit sans aucun secours étranger. Je me contenterai d'appeler l'attention sur les torts, que des sorties inconsidérées peuvent faire au Commerce. Le Négociant ne sait plus sur quoi fixer ses opérations, dès que des orateurs se permettent de bouleverser les idées par un simple discours, et de provoquer des mesures plus ou moins incertaines, suivant que l'intérêt ou la disposition des esprits recueillent ou rejettent les prétentions du discoureur indiscret. Il n'est aujourd'hui aucune loi, aucun usage, aucun système qui ne puisse être atteint par une Motion d'ordre : rien donc n'est stable, assuré. Comment le Commerce peut-il se raviver et reprendre sa sécurité, tant qu'on pourra changer, ou seulement attaquer, la marche connue des affaires par une Motion d'ordre ? Les combinaisons du Commerce sont routinières, elles n'aiment pas d'être embarrassées par des incidens étrangers à ses vues et

D

à sa liberté ; et lorsque les dépositaires de l'autorité annoncent l'intention de changer l'ordre civil dans quelqu'une de ses parties, ils produisent parmi les Négocians le même effet que la présence des loups, auprès d'une bergerie. Tout tremble, on ne se parle plus que par monosyllabes, le cœur ne s'ouvre pas, les affaires cessent leur activité, et c'est à l'imprudence d'une Motion d'ordre que l'on doit ces effets désastreux. Régulariser ce genre de Motion, sera donc le comble de la sagesse ; et le Corps législatif ne saurait retarder ce bienfait que réclament avec force, avec instance, la sûreté et la liberté du Commerce.

Maisons de prêt. — Usure.

Qu'es-tu devenu, peuple français ! tu traînes ton existence dans les désordres de tous les genres. Ton courage sut te délivrer du joug des Rois, et ce courage s'éteint devant la foule de crimes qui inondent ton sol. Tes ressources sont taries par la méchanceté et l'impunité ; et ceux qui te gouvernent, te laissent égorger sans te défendre. Tes besoins, ta misère sont portés à leur comble, et la cause dévoratrice qui te retient dans cette affreuse position, est autorisée, encouragée, pour ainsi dire, puisqu'elle ne rencontre pas de contradicteurs. Où êtes-vous, amis de ce peuple généreux ? Législateurs intègres, qui gémissez sur tant d'infortunes ; pourquoi ne tonnez-vous pas à la tribune nationale contre la situation affreuse où l'on nous a réduit ? Le numéraire a disparu ; des causes plus ou moins sensibles, les lois sur-tout que j'ai attaquées, ont anéanti tous les moyens. Quelques maisons sont devenues comme le dépôt général et unique de l'argent, et ces maisons sont transformées en autant de forêts où des brigands vous dépouillent en paraissant vous secourir. L'ami n'ouvre plus son cœur au plaisir d'obliger son ami, il l'assassine par le bienfait même ; et lorsque nous recevons des secours, nous sommes certains que ces secours nous conduisent à notre perte.

Maisons de prêt ! usuriers sans pudeur ! brigands qui assassinez la République ! c'est de vous que je parle. Vous avez tari les sources de l'abondance ; vous avez éteint toute confiance par l'appât des gains immodérés ; vous portez le désespoir dans les familles ; vous rendez les négociations impossibles ; vous trafiquez honteusement sur la misère des citoyens ; vous vous engraissez de leurs dépouilles, et vous glissez le poison et la mort sous l'apparence du bienfait. Lorsque des hommes en sont venus à ce point de dégradation et d'avilissement, que d'exiger des infortunés le dépôt de leur dernière chemise pour leur donner des secours usuraires, l'immoralité est à son dernier période, et il est tems que la sévérité des lois atteigne ce crime, et arrête les ravages qu'il porte dans la société.

En effet, les Maisons de prêt sont le fléau le plus redoutable du Commerce. Elles éteignent la loyauté, la commisération, et elles détruisent les ressources. Chacune d'elles recueille dans sa caisse les fonds d'un grand nombre de capitalistes, qui, à l'abri de l'odieux du prêt sur nantissement, n'en retirent pas moins un lucre énorme sans se charger des imprécations du malheureux emprunteur ; mais si le glaive de la justice, du salut du Commerce, frappait ces maisons et les anéantissait, ces capitalistes habitués, forcés même à faire valoir leurs fonds, les répandraient dans le Commerce ; ils les confieraient à des Négocians estimables qui en raviveraient leurs manufactures, et nécessairement l'intérêt serait modéré, parce que ces Négocians ne s'en chargeraient jamais au taux usuraire auquel les Maisons de prêt ont l'atrocité de les élever. Que l'on ne dise pas que c'est le défaut de confiance qui fait porter les fonds dans ces maisons ; ce sont au contraire ces maisons qui étouffent la confiance. Si elles n'existaient pas , nécessairement le numéraire prendrait une autre destination ; les marchands délicats et estimés en seraient secourus , et l'on n'exigerait pas des sûretés aussi désastreuses que celles d'un déplacement des marchandises qui composent les nantissemens.

Y a-t-il rien de plus désolant que de voir des magasins brillans qui se trouvent tout-à-coup dégarnis, parce que leur chef, pressé par ses engagemens, et jaloux de les honorer, se décide à dépouiller les ateliers, pour enfouir ses marchandises dans les repaires appelés Maisons de prêt ? Osera-t-on ne pas estimer celui qui se décide à cette démarche pour remplir ses acceptations ? Croira-t-on que ce même homme à qui les sacrifices ne coûtent rien, pourvu que son honneur soit sauvé, et qu'il paie sans retard ; croira-t-on, dis-je, que cet homme abuserait du prêt qui lui serait fait de confiance et sans nantissement ? Mais le transport de ce nantissement, son magasin décrié et dégarni pour un tiers, une moitié même au-dessus de la somme qui lui est nécessaire, l'escompte usuraire qu'on exige de lui, toutes ces pertes ne diminuent-elles pas ses ressources, et ne serait-il pas plus en état de rendre, s'il pouvait éviter ces pertes par une négociation de confiance !

Mais, dira-t-on encore, ce sont les capitalistes eux-mêmes qui se refusent aux négociations, et qui apportent leurs fonds aux Maisons de prêt, afin d'en assurer le placement. Je réponds que l'intérêt parle au cœur de tous les hommes, et que c'est plutôt cet intérêt qui guide les capitalistes, que l'avantage de la sûreté. Ces capitalistes rougiraient s'ils exigeaient un escompte aussi usuraire. Lorsqu'ils démandent un, un et demi pour cent, et qu'ils comparent ce taux à celui indiqué par la loi et la discrétion, ils sont portés à s'excuser de leur demande, sur les malheurs des circonstances, tandis que les Maisons de prêt osent exiger deux, trois et quatre pour cent, et vous font encore valoir le service qu'elles vous rendent. Elles assurent leur remboursement sur des marchandises, des bijoux, des lingots, pour ainsi dire, qui leur offrent au moins un tiers de valeur au-dessus de leur déboursé, et elles attirent les capitalistes par ces gains énormes qui se trouvent si bien consolidés.

Quatre pour cent d'intérêt par mois! et le Législateur ne tonne pas contre cette usure criminelle! Y a-t-il un assassinat mieux constaté? Dira-t-on que cette assertion est exagérée? Je n'ai jamais rien avancé sans preuves; que l'on visite les registres de différentes Maisons de prêt, et l'on se convaincra que la plupart prêtent à quatre, et très-peu à trois pour cent. Et pour ne pas laisser de doutes, que l'on visite les registres du passage du Saumon (1), à Paris, et s'ils sont infidelles, j'indiquerai le malheureux qui dernièrement a déposé une valeur au moins double du prêt, et à qui on a retenu quatre pour cent. Enfin, l'impudeur est poussée à un tel degré, que beaucoup de capitalistes, gémissant sur ce désordre, et intimidés cependant par l'immoralité qui empoisonne toutes les opérations, préferent enfouir leurs fonds plutôt que de les prêter à un intérêt aussi révoltant.

Lorsque l'on s'est retracé ces désordres, il est aisé de découvrir les causes de ces faillites multipliées qui ont affligé la place de Paris et tant d'autres places de Commerce. Quel est donc le genre de négoce qui puisse

____

(1) Cette assertion ne s'applique point au Commissionnaire du Mont-de-Piété.

D 3

donner trois et quatre pour cent de bénéfice? Et si pour faire honneur à ses engagemens, on est forcé de faire des négociations ou des emprunts aussi ruineux, ne se voit-on pas peu-à-peu ruiner dans ses ressources, et ne doit-on pas nécessairement être culbuté? Que l'on ne dise pas que les Maisons de prêt sont devenues un mal nécessaire; je sais que pour ramener la confiance il faut que le Gouvernement fasse le premier pas vers l'ordre et la moralité, et qu'alors cette confiance rendra ces maisons moins nécessaires; mais je sais aussi que les ressources s'ouvriraient de toutes parts, par le besoin même de faire valoir les fonds, si ces maisons étaient fermées. La gloire nationale, la pudeur de notre législation, ne doivent pas d'ailleurs souffrir que l'Usure soit portée à ce degré de brigandage et de rapine. Les Romains firent des lois contre l'Usure, et l'Usure cessa, et le Commerce refleurit. Camille attaqua l'Usure avec toute l'énergie que l'histoire lui donne; les usuriers l'emportèrent un instant, parce qu'ils occupaient les places éminentes, alors il sortit de Rome avec les opprimés. Les sages y portèrent des paroles de paix, et des promesses formelles de faire disparaître et de punir l'usurier: tout rentra dans l'ordre, et l'Usure ne reparut plus. Le peuple français ne souillera plus l'histoire par des insurrections contre l'autorité; mais l'autorité le sauvera et l'Usure sera recherchée et bannie d'un sol productif qui n'eût dû jamais être affligé d'un semblable fléau.

Toutes les Maisons de prêt doivent donc être fermées (1). Tout individu qui à l'avenir sera convaincu

----

(1) Je fais une exception honorable du Mont-de-Piété de Paris. J'aurai occasion d'en parler dans mes projets ultérieurs. Je l'invite seulement à faire surveiller quelques-uns de ses Commissionnaires qui ont établi un brigandage effrayant, en prenant cent pour cent pour leur compte.

d'avoir prêté à Usure, sera condamné à quatre ans de fers. Que d'avantages ma Patrie ne retirera-t-elle pas de cette mesure si nécessaire à sa prospérité! Quiconque oserait se refuser à ces moyens de sagesse et de justice, serait complice de la misère publique.

Maisons de Jeu.

Le Gouvernement français laisse souiller sa gloire par un attentat aux mœurs et à la sûreté individuelle. Il ne suffit pas de ne pas commettre le crime, on est coupable lorsqu'on ne sait pas l'arrêter, et qu'on en est chargé. Que veulent ces discours où la vertu préconisée paraît devoir être le mobile des actions publiques et privées? Quelle main impudente et sacrilége a tracé sur l'une des portes du Bureau central de Paris : BUREAU DES MŒURS ? Pourquoi le serment de veiller à la sûreté de tous, n'est-il plus qu'une satyre amère ?

Que de justesse, de vérité dans ces réflexions ! Il existe sous les yeux du Gouvernement, je dirai presque sous son autorisation, des lieux où l'assassinat, le vol, sont calculés et accomplis ; où le tombeau du Commerce est creusé par des égorgeurs publics ; où les fortunes vont s'engloutir sans retour ; où le désespoir avec ses crises hideuses, suit de près la spoliation des victimes ; où des poignards sont cachés sous l'appât d'un gain illusoire ; où le fonctionnaire public, le père de famille, le Négociant, l'artisan, la jeunesse imprudente, la vieillesse avide, toutes les classes de la société, deviennent assassines ou sont assassinées. Ces repaires effrayans, ces cavernes horribles qu'on appelle Maisons de jeu, sont ouvertes sous la protection des autorités publiques, et au moyen d'une rétribution convenue. Quel avilissement! quelle dégradation dans nos mœurs !

Là, vont s'enfouir les capitaux, les revenus et les épargnes. Voyez ce citoyen revêtu d'un caractère auguste par les fonctions qui lui sont confiées, il accourt dans ces demeures du crime, il va y porter le fruit des concussions qu'il s'est permises, le prix de la justice qu'il a rendue, le produit des vols qu'il a autorisés par sa signature. Ce Magistrat était probe avant de fréquenter ces Maisons : loin d'autoriser les vexations ou de s'en rendre coupable, il les punissait : depuis que la passion du jeu a égaré son cœur, rien n'est plus sacré pour lui ; l'argent seul est la mesure de sa justice, et la corruption préside à toutes ses démarches pour parvenir à alimenter la banque des joueurs.

Voyez cet homme de loi ; la pudeur guidait ses avis ; son zèle pour la défense de ses cliens était respectable par son activité et son désintéressement ; tous ses instans étaient consacrés à l'étude ou aux bienfaits. Un brigand est parvenu à dégrader son ame. Il l'a conduit dans les Maisons de jeu ! Depuis ce tems, la sagesse a fui son cabinet ; il met ses cliens à contributions, et leur extorque des honoraires ruineux. Il ne met plus sa gloire à protéger les opprimés, à sauver l'innocence ; il n'agit que pour l'argent, et il ne recueille cet argent que pour aller l'engloutir dans le gouffre dévorant des Maisons de jeu.

Voyez ce notaire public dont le titre seul impose la confiance et le respect. L'ordre et la sagacité régissent les actes qui remplissent ses cartons. Sa caisse est toujours honorée par les dépôts que la confiance s'empresse de multiplier. Attaché à son travail, il est toujours prêt à accueillir ses cliens et à les entendre...... Tout-à-coup son caractère change, ses habitudes s'avilissent ; le désordre, l'irréflexion se fait apercevoir dans toutes ses démarches ; l'avidité règle les prix de ses actes ; sa caisse n'est plus en balance ; les dépôts sont violés ; il déclare une banqueroute, ou bien il se brûle la cervelle. Et c'est encore dans les Maisons de jeu qu'il a trouvé le tombeau de sa fortune et de sa vertu.

Voyez ce Négociant estimable, dont l'activité fait prospérer les opérations les plus pénibles : entouré de la confiance de ses amis, son simple ordre suffit pour remplir ses magasins et sa caisse. La loyauté, la franchise président à ses négociations, et sa maison est recommandée par la solidité et les moyens. Un monstre le conduit dans les Maisons de jeu, seulement pour y satisfaire sa curiosité. Il suit attentivement la chance des coups; il hasarde quelques écus : la perte ou le gain l'enflamment, le captivent; il joue ce qu'il a : la passion l'emporte sur l'intérêt même; il accourt à sa caisse, la laisse vide, en porte les fonds au jeu, et les perd. Le désespoir s'empare de son âme; il porte la désolation dans sa famille; ses paiemens sont retardés; ses ressources sont éteintes par cela même qu'on est instruit qu'il joue : il est forcé de manquer; il est culbuté, ruiné, déshonoré à jamais.

Le courage ne seconde pas mon indignation, et je cesse de parcourir les classes différentes de la société où le jeu porte l'opprobre, la misère, et souvent la mort. Tout Paris connaît les effets désastreux de ces Maisons criminelles. On a vu de malheureux Auvergnats, après avoir vendu les vins qu'ils avaient conduits sur nos ports, être entraînés par les perfides émissaires des teneurs de jeux, perdre 8, 10, 12 000 fr. qui formaient le produit de la vente de leurs vins; et ne pouvant plus retourner avec honneur parmi leurs concitoyens, terminer leur existence dans les eaux de la Seine. On a vu des pères barbares, des artisans assez endurcis par la fréquentation de ces Maisons affreuses, pour laisser leurs familles exposées à tous les besoins. La faim, le froid, la nudité, les larmes, les cris, voilà ce qu'offraient leurs maisons l'hiver dernier. A leur rentrée dans leur domicile ; les plaintes de la mère désolée étaient accueillies par un ton sévère et brutal qui la forçait au silence. Cette mère infortunée était forcée d'aller implorer les secours faibles de ses amis, tandis que le père sans pitié, et dépourvu de toute sensibilité, allait porter au jeu le produit de son travail, de ses revenus, et se permettait de vendre ou d'engager jusqu'à ses meubles, pour alimenter son infame passion. Combien de familles qui nous ont offert ce tableau déchirant. Ainsi donc le Ministre de la police laisse l'assassinat impuni ? que dis-je ; il en retire un tribut honteux ! Ce Bureau central, si exact dans l'examen des sonnettes d'un cabriolet, souffre que le crime exerce ses fureurs dans des palais dorés et publics ; ni les larmes des familles ruinées, ni la dépravation des mœurs, ni le désespoir des victimes, n'ont pas encore provoqué sa sévérité, tandis que les grelots d'un cheval sont à l'ordre du jour dans tous les postes. O ma patrie ! à quel degré d'avilissement es-tu parvenue !

Eh quoi ! tout fonctionnaire public, tout citoyen exerçant une profession de confiance, devrait-il paraître dans ces antres du brigandage et de l'égorgement ! Ne devrait-on pas établir la peine de la dégradation civique et de six ans de fers, contre les hommes revêtus d'un caractère public, et qui seraient convaincus d'avoir fréquenté des Maisons de jeu ? Dans un Etat républicain, où les mœurs doivent régner dans toute leur force et tout leur éclat, où la vertu doit honorer toutes les fonctions, tous les états, peut-on croire à la prospérité publique, lorsqu'on autorise aussi ouvertement l'existence de tous les crimes qu'enfantent les Maisons de jeu ? Hâtez-vous, Législateurs, de fermer ces repaires assassins ; arrêtez le torrent qui détruit, ravage la fortune, la tranquillité des familles ; qui culbute, anéantit des maisons de commerce

florissantes et distinguées ; faites cesser des établisse=
mens qui consacrent le vol et la spoliation des citoyens ; qui portent le trouble et la défiance dans les
relations commerciales ; qui éteignent tous les sen-
timens de l'amitié, de la tendresse, même de la pitié ;
qui endurcissent les cœurs, les rendent cruels, avides ;
qui changent l'ame en l'avilissant, et la conduisent
aux excès les plus funestes à la société. Faites disparaître l'occasion du crime, et le crime n'existera
plus. Je le répète, on est complice du mal qu'on a
le droit et les moyens d'empêcher ; et telle est la position du Gouvernement envers les Maisons de jeu.

Considérations générales.

L'esprit de fraude et de rapine, qui dans nos comptoirs a succédé à l'honneur et à la bonne foi, est
une suite affligeante de l'immoralité du Gouvernement. Un père transmet ses vertus ou ses vices à
ses enfans ; ceux-ci entraînés vers l'imitation, par la
déférence même à l'autorité paternelle, deviennent
probes ou scélérats, d'après les exemples qu'ils ont
sous les yeux. Personne ne doute que, sous un Gouvernement où la loyauté, l'équité sévère, font naître
et dirigent les opérations, la majorité des Citoyens
de tous les états, ne deviennent aussi délicats, aussi
justes, si ce n'est par principe, au moins pour
honorer leur conduite extérieure.

Quel est l'insensé, qui, attaché à quelque fortune acquise, a osé depuis plusieurs mois offrir ses
services au Gouvernement, et se charger d'une entreprise quelconque ? Un cri général s'élève contre
les actes machiavéliques qui bouleversent le système
financier et en écartent l'ordre et la bonne foi ;
aussi toute confiance est-elle perdue. Les propositions

les plus avantageuses , l'espoir même d'un bénéfice
presqu'assuré , ne trouveraient pas aujourd'hui des
partisans : on craindrait avec raison que les promesses
les plus formelles , les paroles sacrées , ne fussent
éludées avec cette légéreté, cette impudeur qui carac-
térisent les êtres immoraux.

Où prétend-on nous conduire ? L'homme qui a
consenti de vivre sous des Lois sociales , a espéré
que la liberté civile lui serait garantie ; que ses
traités seraient respectés tant qu'ils ne seraient point
opposés à ces Lois ; qu'en s'abandonnant à la confiance nécessaire à la sociabilité , cet abandon serait réciproque ; et nous n'apercevons que le mépris de tous les principes , que la violation des
traités , qu'une déloyauté indécente qui trompe, tue
toute confiance. Cependant la confiance est au
Commerce, aux traités , ce que le pain est à la
vie de l'homme : sans elle le Commerce n'est qu'un
squelette hideux, qu'un torrent d'agiotage et d'usure.
Il est évident d'après ces principes , que le Gouvernement fait tout pour détruire le Commerce,
puisqu'il fait tout pour anéantir la confiance.
De quelle masse informe de Lois de circonstances
n'a-t-on pas encombré la marche civile , depuis la
mise en activité de la Constitution , sans qu'il en
ait encore paru une seule sur le Code civil ? Le
plus ardent observateur de ces Lois , peut-il aller
trouver ses devoirs dans ce labyrinthe où les inégalités , les détours , l'égarent et le perdent en re-
cherches infructueuses ? Le Négociant s'attache à la
clarté , à l'ordre , à la précision , dans tout ce qu'il
médite , dans tout ce qu'il exécute ; s'il rencontre
quelqu'obscurité , quelque douté , il s'intimide , s'arrête , se défie , et abandonne bientôt ses entreprises
les mieux combinées et les plus utiles. Comment ,
en effet , ne pas être effrayé , découragé , à la vue

de tant de Lois incohérentes, dont la multiplicité fatigue et trouble l'attention. Sur environ quatre mille, on doit en prendre la moitié pour la part des finances. Assurément un système financier armé d'autant de Lois, devrait être bien recommandable; il l'est aussi, non par sa bonté, mais par son désordre, par son ambiguité.

Comment oser prétendre au bien, dans un pareil chaos? Aux Lois obscures, mal conçues, on a adjoint des Lois absurdes, tyranniques; le trouble, la confusion, la haine du pouvoir, ont été leurs fruits désastreux. N'avons-nous pas vu la France inondée de banqueroutes, de révoltes, de pillage? Et loin d'arrêter ce torrent, n'a-t-on pas fait au contraire tout ce qui pouvait l'irriter et le grossir?

Quoi! nos comptoirs arides et sans espoir de récupérer leurs pertes; nos manufactures désertes; nos ouvriers demandant à grands cris, du travail et du pain; le numéraire enfoui; les vexations, l'usure des préteurs qui s'engraissent de notre misère; le Trésor public tari et sans ressources;..cette nuée de vautours qui se répandent dans nos armées, dans nos administrations, et qui, dévorant nos moyens, ne laissent dans nos camps que la détresse et la misère; tous ces désordres ne produiront-ils rien sur l'esprit de nos Législateurs? Attendront-ils pour améliorer notre position, pour apporter quelque remède à nos maux, je dirais presque pour sauver la République des déchiremens inévitables, que la plaie soit si profonde, qu'il leur soit impossible de la cicatriser?

Il est urgent, il est nécessaire au salut public, de porter la régénération dans toutes les parties du système financier, ou, pour mieux dire, il faut brûler le système actuel, pour lui substituer des vues, des plans assis sur la loyauté et la justice;

des plans qui ravivent l'esprit public par la sagesse qui les concevra et la bonne foi qui en surveillera l'exécution. Il faut tout refondre, et adopter une marche constante, assurée et exempte de ces variations chanceuses qui portent l'incertitude et le découragement dans toutes les opérations. Il faut devenir sévères dans la stipulation des traités, mais il faut devenir exacts dans les paiemens et ne plus se permettre de rendre illusoires dans les mains des porteurs, les valeurs que vous leur aurez données comme réelles. Enfin, il faut renaître à un ordre nouveau; sans cela plus de confiance, plus de ressources.

L'économie, la répression du gaspillage, des dilapidations, doivent former la base de l'avoir du Trésor public; l'ordre doit suivre, les revenus alors suffiront aux dépenses. Le Trésor public doit être organisé comme le comptoir d'un Négociant; il y a une parité exacte, si ce n'est que le travail est plus abondant, parce que la comptabilité est plus multipliée : mais la balance doit être la même entre les recettes et les dépenses. Diminuez la dépense, élevez la recette à son niveau, c'est ce que nous faisons tous les jours dans nos comptoirs, c'est ce que vous devez faire à la Trésorerie. Les détails n'exigent ensuite que de l'exactitude et du travail. On se fait un fantôme de la conduite des finances, et c'est un grand malheur. Sans doute la création des ressources est difficile, par cela même qu'elle est délicate, et c'est l'ouvrage du Législateur. La direction de ces ressources une fois trouvées, n'a plus besoin que d'ordre et d'activité. Elle demande encore la probité sévère! Sans cette base précieuse de toute opération financière, le travail croule, et la prospérité, l'abondance, s'enfuient.

Elle demande la probité, ai-je dit! Eh! n'est-

elle pas bannie du cœur avide de ces hommes immoraux qui protégent auprès d'eux un agiotage criminel ? Que fait-on à la Trésorerie ? Une habitude insolente retient le créancier dans des antichambres pendant plusieurs jours ; lorsqu'il est admis, des difficultés sans nombre retardent encore son paiement ; souvent il est forcé de recourir au Ministre qui l'a ordonnancé, ou bien au Ministre des finances. Quand il croit avoir vaincu tous les obstacles, il est encore arrêté, parce qu'il n'y a pas de fonds pour lui, ni à la Trésorerie, ni dans les Départemens, parce qu'il n'est pas protégé, bien connu, bien recommandé. Il rencontre dans la cour des hommes officieux, qui, avertis de son embarras, viennent lui offrir d'escompter ses ordonnances à 15 ou 20 pour 100 de perte. Il s'en plaint aux Commissaires ; « hélas ! lui répondent-ils, nous ne le savons que
» trop : c'est cependant encore heureux pour vous ;
» il y a quelques instans, qu'un Citoyen, dont les
» besoins étaient pressans, aurait bien désiré trouver
» quelqu'un qui eût voulu lui escompter ses ordon-
» nances ; il eût fait un sacrifice de 25 pour 100 :
» nous n'avons réellement pas de fonds pour ce
» moment. »

Quel langage ! Quels discours ! Quels soupçons ! Assurément, si l'existence des Commissaires dans leur place, n'annonçait pas l'estime qu'ils doivent sans doute mériter, ne paraîtrait-il pas que des rapports criminels autorisent cet agiotage indécent ? Je laisse à mes lecteurs, le soin de rapprocher les idées et d'en tirer ensuite leur conviction. Quant à moi, je pense qu'il faut refondre tout à la Trésorerie. Législateurs, brûlez, régénérez la comptabilité absurde et obscure, qui provoque le mécontentement de tous les créanciers. Ne sacrifiez pas à une poignée de misérables sangsues, la dette légitime de vos traitans. N'est-ce pas le Trésor public, qui en définitif supporte la perte que le créancier est forcé de faire sur ses ordonnances ? A quel prix peut-il, traiter avec vous, lorsqu'il est persuadé qu'il faut semer l'argent à grands flots dans toutes les parties ? Mais de quel droit un porteur d'ordonnances est-il repoussé de la caisse? N'est-ce pas accuser d'ineptie ou d'imprévoyance le Ministre qui a délivré ces ordonnances, et le Ministre des finances qui les a visées ? Un Ministre ne doit ordonnancer que sur ses crédits ; ses crédits doivent être aussitôt couverts à la Trésorerie, et chaque ordonnance présentée, doit être aussitôt acquittée : il ne doit donc rester au créancier d'autre difficulté que le choix des valeurs. Assurément, s'il était *de l'essense de la comptabilité nationale* de forcer à des sacrifices, ne vaudrait-il pas mieux que ces sacrifices tournassent au profit du Trésor public, et que l'on engageât les créanciers à faire une remise de 4 ou 5 pour 100, plutôt que de permettre que des vampires les assassinent dans leurs besoins et s'engraissent de leurs pertes ?

Puissent nos Législateurs être pénétrés des grandes vérités que j'ai développées dans ce faible essai que mon ardent amour pour mon pays m'a suggéré. Je me suis affligé avec tous les amis du bien. La vue d'un sol aussi fertile, aussi productif que le nôtre, m'a fait verser des larmes sur le peu de ressources qu'on en retire, depuis que, dévorant tout d'avance, nous agissons comme ce jeune homme insensé et frivole, qui dissipe l'héritage de ses pères, avant même d'en être le possesseur.

Que le Corps législatif ait le courage de sonder la plaie, il en est tems encore ; le dévouement du Français est sans bornes, lorsqu'on le provoque par la justice et la loyauté. Quelque marche que l'on prenne,

quelque

quelque système qu'on adopte, il ne pourra qu'améliorer notre position, pour peu que le Législateur lui donne toute son attention, sa sagesse et son amour du bien. Nous sommes si mal, notre situation est si pénible, qu'un seul pas vers le bien si désiré, sera un acte de bonheur et de joie. Mais, je le répète, plus de projets tyranniques, plus d'absurdités indécentes comme les systèmes d'Emprunts forcés et autres Lois de persécution et de terreur. Encore une fois, *ne soyons plus brigands.*

Je vais offrir quelques vues, quelques projets sur l'impôt. Je les abandonne à la sagesse du Corps législatif. Heureux s'ils peuvent mériter quelqu'attention, et présenter quelqu'utilité. Mes occupations ne me permettent pas de descendre jusqu'aux détails ; il sera aisé de les développer :

1°. Les loyers ne forment plus la base générale de l'impôt mobilier ;

On prendra pour le Commerce la patente fixe et le somptuaire ;

Pour les citoyens non-commerçans, le somptuaire multiplié ;

Pour les citoyens non-commerçans et sans aucuns dehors de luxe, on prendra le loyer ; ils paieront le quart du loyer, sauf l'estimation de l'appartement en cas de fausse déclaration.

2°. Pour la patente proportionnelle, on n'aura égard qu'au loyer des ateliers et magasins, abstraction faite de l'appartement ou habitation ; on aura égard aux genres de profession qui exigent de vastes ateliers, et par conséquent des ménagemens, pour ne pas étouffer l'industrie.

3°. Pour toute contribution directe, les cotes seront divisées en douze paiemens mensuels ;

Il sera indiqué douze reçus sur le certificat de patente ;

Tout contribuable en retard sera prévenu le premier

du mois qui suivra son paiement ; il sera saisi le 5, et ses meubles seront vendus le 15.

4°. Les receveurs particuliers seront tenus de faire douze Lettres de change par sommes égales, formant ensemble les quatre cinquièmes du total du montant des rôles. Ces traites seront au profit du receveur-général du département.

Le receveur-général du département fera à son tour trois cent soixante-six traites au profit du Trésor public, formant de même les quatre cinquièmes du montant du rôle général.

Le cinquième restant devra rentrer dans les trois mois qui suivront l'année, et après que les administrations auront répondu aux réclamations en dégrèvement.

Cette mesure ne concerne que le courant.

5°. Il sera fait une somme totale de l'arriéré des contributions jusqu'au 1er. Vendémiaire de l'an VIII. Chaque cote-part ainsi totalisée, sera divisée par sixième, dont le premier sera payable au 1er, Nivôse prochain, les autres de deux mois en deux mois ; même marche qu'à l'article 4.

6°. Toute taxe arbitraire sera punie de six ans de fers. Les cautionnemens des receveurs seront de la moitié du montant des rôles sur immeubles liquidés.

7°. La Loi sur l'Emprunt de cent millions est rapportée : sa mémoire et ses auteurs seront voués à l'exécration des siècles.

8°. La Liste des émigrés est définitivement fermée. Il sera adopté un nouveau mode de radiation.

9°. La loi sur les Otages ou responsabilité des communes est aussi rapportée. Il sera proposé aux artistes un monument qui représentera trois monstres : à leurs pieds sera la France prête à être dévorée par eux ; à côté seront écrits ces mots : *Tyrannie*, *Absurdité*, *Brigandage*.

10°. Le Code hypothécaire sera revu.

(67)

Tout titre hypothécaire consenti avant l'expiration des délais accordés pour l'enregistrement des bordereaux, conservera le rang que sa date lui donne, si ces bordereaux ont été enregistrés dans le délai. Tous les titres hypothécaires seront soumis à un nouvel enregistrement d'un demi pour cent dans le délai de trois mois. Cet enregistrement aura lieu à tel bureau que l'on jugera bon. Les titres non-enregistrés perdront leur rang d'hypothèque.

11°. Les places ne seront données qu'à la probité reconnue et aux moyens. La concussion, les dilapidations quelconques, seront poursuivies sur la dénonciation de deux citoyens. Elles seront punies de dix ans de fers. Les noms des coupables seront inscrits sur la porte de l'Administration où ils auront prévariqué. Le tableau sera intitulé : *Tableau d'infamie*.

12°. Les motions d'ordre seront régularisées. Le Code civil sera organisé.

13°. Les Maisons de prêt sur nantissement seront fermées. Tout citoyen convaincu d'usure, sera puni de dix ans de fers et d'une amende double de la somme qu'il aura prêtée, et qui sera confisquée au profit du Trésor public.

14°. Les Maisons de jeu seront fermées.

Tout individu convaincu d'avoir un établissement de jeu, sera condamné à une amende de 10,000 fr., et à deux ans de fers, avec confiscation des sommes saisies sur le tapis. Les observateurs de police, convaincus de complicité, seront condamnés à la même peine.

Tout homme public, par ses fonctions ou sa profession, convaincu d'avoir fréquenté les Maisons de jeu, sera condamné à la même peine.

15°. Dans la discussion du Code civil, les transactions entre particuliers auront la priorité.

16°. Toutes les lois existantes sur les Finances et la Comptabilité, sont rapportées. Il en sera recueilli par une commission tout ce qui sera jugé utile pour en former un Code clair et précis.

17°. Le Gouvernement sera sévère pour les prix et conditions des marchés. Il sera aussi exact pour les paiemens stipulés.

Tout individu qui ferait des propositions de loi tendant à tromper la confiance des traitans, par l'annullation ou la diminution de leurs valeurs, sera puni de la dégradation civique.

18°. Il sera nommé une Commission pour s'occuper des moyens de régulariser les contributions indirectes existantes, et d'en créer de nouvelles.

L'impôt indirect n'a jamais lésé les citoyens, parce qu'il est en raison des consommations, et que les consommations sont en raison des moyens.

19°. L'action de la Contrainte par corps, ne pouvant convenir qu'à des tems d'abondance et de prospérité, est suspendue jusqu'à la paix générale.

20°. Il sera établi les contributions suivantes :

1°. Droit sur les titres hypothécaires existans ;

2°. Droit sur les timbres destinés aux Lettres de change ;

3°. Augmentation et extension de l'Octroi ;

4°. Contribution sur le sel ;

5°. Etablissement des Monts-de-Piété.

Je crois devoir entrer dans quelques détails pour justifier les droits et contributions que je propose, et pour donner quelques développemens aux Monts-de-Piété.

Droits sur les Titres hypothécaires existans.

On a toujours reconnu la difficulté, pour ne pas dire l'impossibilité, d'atteindre les fortunes en porte-feuilles. Cependant ces fortunes n'existent pas sous des feuilles de chênes ; leurs possesseurs ne sont pas assez confians pour les établir sur des paroles, et ils les consolident, ou par des Contrats ou Titres hypothécaires, ou par des Billets, Lettres de change et Promesses de payer. Le seul moyen de les atteindre, est donc de soumettre leurs Titres à des droits d'enregistrement. Les anciens Contrats (je veux dire tous les Titres notariés et hypothécaires existans avant la mise à exécution du nouveau Code sur cette partie) peuvent subir ce droit sans blesser la justice, ni léser le malheureux. Le résultat de cet impôt serait énorme pour le Trésor public, et l'on n'aura pas violé le bon sens, l'équité distributive, ni les droits de propriété, puisque chacun ne contribuera qu'en raison de sa fortune, et que nul citoyen n'en sera exempt. Ainsi que je l'ai fixé, ce droit sera d'un demi pour cent. On pourra faire enregistrer à un bureau quelconque, dans le délai de trois mois, sous peine de perdre le rang d'hypothèque.

Droit sur les Timbres destinés aux Lettres de change.

Le Timbre déjà existant pour les Billets à ordre, ou Lettres de change, sera décuplé jusqu'à la paix générale. Ce droit n'atteint encore les contribuables qu'en raison de leur fortune. Il ne sera supporté que par ceux qui par la multiplicité de leurs opérations, consomment une plus grande quantité de papier timbré. C'est avec quelque répugnance que je propose cet impôt ; mais la nécessité et la justice m'ont frappé. Je sais qu'il faut désirer de voir le Commerce dégagé de tous ces droits fatigans qui tourmentent l'industrie, en lui arrachant une portion de ses bénéfices ; mais je sais aussi qu'il ne faut faire peser les ressources de l'Etat que sur les objets les moins onéreux.

Toute contribution basée sur les facultés, ne saurait appartenir ni à l'arbitraire ni à l'injustice. Ici, celui qui ne fait que peu d'affaires, paiera peu ; celui qui en fait beaucoup, paiera d'avantage, c'est dans l'ordre. Le capitaliste qui enveloppe toute sa fortune dans son porte-feuille, paiera nécessairement un droit plus fort encore, et par ce moyen, on parviendra à l'atteindre en partie. Du reste, ce droit cessera avec les dangers ; la paix le bannira avec les maux inévitables que la guerre fait naître.

* * *

Augmentation et extension de l'Octroi.

Les droits d'Octroi doivent être établis dans toutes les Communes dont la population est au-dessus de 3,000 ames. Le produit du taux fixé jusqu'à présent, sera destiné aux dépenses des Communes ; il ne pourra, sous aucun prétexte, avoir une autre destination. Lorsque les dettes des Communes seront acquittées, et que la recette excédera la dépense, le surplus sera employé en établissemens utiles, soit pour l'instruction, soit pour la dotation des filles pauvres. Pour qu'une fille pauvre mérite la dotation, elle devra avoir une réputation de sagesse intacte, être la plus laborieuse, la plus vertueuse de la Commune. Ce projet peut et doit être développé. L'on pourra établir des manufactures pour y occuper l'indigence, y raviver l'industrie, et faire valoir les fonds même de l'Octroi.

Jusqu'à la paix générale, les droits d'Octroi existans seront doublés. Le produit de ce double droit sera versé au Trésor public. Les moyens de rigueur et vexatoires, continueront à être interdits et punis dans la perception de cet impôt. Il sera étendu à plusieurs objets de consommation non encore imposés, et qui seront désignés.

Contribution sur le sel.

Je n'ai jamais pu concevoir les motifs de l'opposition qui, jusqu'à ce jour, a empêché l'adoption de l'impôt sur le sel.

Sans doute sous le scèptre de fer des fermiers-généraux, où chaque particulier était forcé d'acheter le sel au-delà même de sa consommation ; où le prix, porté jusqu'à 14 et 15 sous, accablait le pauvre ; où le produit de cet impôt vexatoire était dévoré par les fermiers mêmes, et ne profitait pas au Trésor public, on a dû supprimer un droit aussi monstrueux. Mais quel tort peut causer à la classe indigente un droit de cinq centimes perçu sur chaque livre de sel, et de quelle ressource ce faible droit ne serait-il pas au Trésor public ? On pourra diminuer cette taxe à la paix générale, et la réduire à deux centimes; mais on ne doit pas hésiter de l'établir. Elle ne pésera sur aucune classe. Sa perception sera peu sensible ; et comme les vexations, qui autrefois accompagnaient cet impôt, ne peuvent plus renaître chez un peuple libre, on pourra en recueillir des fruits précieux, sans provoquer ni mécontentement ni opposition.

Monts - de - Piété.

De l'ordre naîtra le crédit, et du crédit naîtra la mort de l'usure. Ces heureux résultats ne peuvent se réaliser que par l'exactitude et la moralité du Gouvernement, que par le débrouillement du chaos de la comptabilité, que par la régénération de la Trésorerie, enfin que par la confiance entre particuliers, et par la paix tant désirée. L'avidité portée parmi nous par les étrangers, et accueillie par certains de nos concitoyens avec une impudeur révoltante, retarde l'instant heureux où l'usure disparaîtra de nos comptoirs. C'est au Gouvernement qu'il appartient de jeter les premiers fondemens de la générosité et de la discrétion. En satisfaisant les besoins, il évitera au citoyen embarrassé la nécessité de recourir aux usuriers pour se procurer les moyens d'honorer ses engagemens, et les Monts-de-Piété peuvent remplir ce but précieux.

Il sera établi dans chaque chef-lieu de département, un Mont-de-Piété à l'instar de celui de Paris. Les mêmes usages et conditions y seront suivis. Ces Monts-de-Piété auront un Commissionnaire dans chaque chef-lieu de canton. Il sera mis à la disposition de l'Administration établie pour cet objet, le sixième du produit de l'Octroi municipal de toutes les communes du département. Le caissier de l'Administration versera tous les quatre mois à la caisse du receveur-général central, le produit d'intérêt qui résultera des prêts. Le taux de l'intérêt ne pourra excéder un pour cent net par mois, jusqu'à la paix générale, où il sera réduit au taux légal. Il sera perçu un quart pour cent pour les frais de l'Administration, et un huitième pour les commissionnaires, quand on se servira de leur ministère. Il sera rendu une loi renfermant les moyens et les détails pour parvenir au succès.

L'on sent toute l'utilité de pareils établissemens; ils appaiseront les besoins, tueront l'usure, faciliteront la circulation, et donneront un produit au Trésor public. Les moyens pris sur l'Octroi, ne fatigueront ni le Trésor public ni les particuliers; et l'Octroi sera nommé à double titre, *Octroi de bienfaisance.*

Pourquoi le Gouvernement n'imite-t-il pas les maisons discréditées, et ne fait-il pas retirer par des négociations ses valeurs qui sont sur la place, et que l'agiotage réduit à des pertes considérables ? Cette

opération serait d'un produit immense dans ce mo=
ment. Pourquoi, pour raviver l'industrie, n'achète-t-il
pas à prix courant les objets de luxe, pour les faire
écouler chez l'étranger? Les ouvriers retrouveraient
du travail. Les produits de l'Octroi municipal pourraient facilement remplir ce but.

Moyen de suppléer à la rareté du numéraire.

Créer un papier-monnaie sans hypothèque, est une folie
et une dérision. Tels furent les assignats et les mandats
dont l'hypothèque était illusoire par la faculté même d'en
multiplier la quotité. Créer un papier-monnaie qui porte
avec lui une valeur réelle et certaine, serait, dans ces
momens de pénurie et de misère, un système avantageux et utile. Je vais essayer de jeter quelques idées
sur la possibilité d'un papier qui obtienne la confiance,
et qui aide la circulation.

Tous les contribuables fonciers dont la cote excède
10 fr., souscriront des bons au porteur, de 10, 15,
20, 40, 80, 100, 200, 400, 500 fr., en proportion
du montant de leur cote, et suivant la distribution
qui sera indiquée. Ces bons auront des échéances fixes.
S'ils ne sont pas payés le jour même par le souscrip-
teur, il lui sera fait commandement le lendemain,
saisie cinq jours après, et vente de meubles dans
la décade qui suivra la saisie. Si les meubles ne suf-
fisent pas, l'immeuble sera encore vendu dix jours
après. Et si enfin, ces deux ventes ne suffisaient pas
encore, il sera fait une nouvelle sommation au sous-
cripteur; elle sera visée par le Juge de paix, et dix
jours après il sera arrêté. La modicité et la distribution des sommes rendront ces mesures très-rares, raison
de confiance et de solidité. Leur authenticité sera
constatée par le timbre sec, le sceau et le visa de

l'Administration du canton et du payeur-général. Il sera fabriqué un papier particulier.

En cas de vente des immeubles, le nouvel acquéreur sera solidaire avec le vendeur, par le fait même de la vente.

Il en sera souscrit pour le montant total de la contribution foncière de six années, ce qui produira une circulation numérique d'environ douze cents millions de francs.

Ces bons seront reçus à la Trésorerie et dans toutes les caisses publiques, et donnés par elles dans tous les paiemens, quelqu'en soit l'échéance. Il en sera de même de particulier à particulier. Les porteurs pourront en faire le recouvrement eux - mêmes à l'échéance, ou bien se les faire rembourser à vue chez tout payeur quelconque, qui les transmettra à la Trésorerie, pour delà être envoyés en recouvrement.

Dans aucun cas, les caisses publiques ne pourront refuser l'échange à vue de ces bons. Cet échange se fera un quart en numéraire métallique, et les trois quarts en d'autres bons de moindre somme. Mais à l'échéance, les bons seront remboursés en totalité en numéraire métallique. Tout caissier public qui refuserait le remboursement ou l'échange ci-dessus, sera destitué, perdra son titre de citoyen, et sera condamné à une amende double du bon qui lui aura été présenté à l'escompte. Les particuliers qui les refuseraient, encourraient la même peine. Le contrefacteur sera puni de mort.

Ce papier-monnaie aura donc une hypothèque certaine : les meubles, les propriétés et la liberté des souscripteurs.

Il aura une époque de remboursement définitif et d'annullation.

Il aura une valeur réelle par son cours et son

admission dans toutes les caisses publiques, d'après sa valeur nominale, quelle qu'en soit l'échéance. Il l'aura encore par son échange, même à vue, qui donnera du numéraire.

Il ne fera pas disparaître le numéraire de la circulation, puisque celui de moindre somme étant de 10 fr., le numéraire continuera à circuler. On pourra même mettre le moindre à 20 fr.

Son échéance plus ou moins retardée, ne pourra pas le discréditer, ni lui faire perdre un escompte en intérêts, puisque, ainsi que je l'ai observé, il sera reçu tous les jours pour comptant et pour écus, d'après sa valeur nominale.

Si les bons des rentiers, qui ne sont admis qu'en paiement de contributions directes, ne font presque pas de perte, que sera-ce de ce bon qui sera reçu pour tout paiement quelconque ; et de quel secours ne sera-t-il pas dans ce moment pour le Trésor public !

Si on continue la guerre, il peut faire trembler l'Europe, donc il peut hâter la paix.

L'on ne pourra pas craindre que le Trésor public le multiplie, puisqu'il ne sera pas souscrit par lui ; et que l'état et le local seront affichés à l'Administration municipale, et delà à l'Administration centrale, et enfin à la Trésorerie nationale.

Ce projet exige d'être régularisé. En voilà l'idée, le Législateur la développera s'il la croit bonne et utile.